世界のこもりうた と 親子の人形

―子どもに げんきを わたすひと―

浅井典子 著

こんにちは（はじめに）

「どーどーめぐり　どーどーめぐり　どーどーめぐり　かっちんこ」はじける笑いの中、子どもたちは役を交代し新しい門くぐりを楽しんでいる様子。

わらべうた遊びを見ながら、私は保育の仕事の来し方行く末に思いを馳せています。

この本にまとめたものは、園と家庭を結ぶ『げ・ん・き』（エイデル研究所）No.52～87　一九九九～二〇〇五を編集したもので多摩ニュータウンの保育園を通して親子や大人たちの日々の保育スケッチ……。

思えば今より三十数年前「緑と太陽の街」として、多摩ニュータウン誕生。

子育て中の家族が希望をもって入居。当時、文字通り、自然との出会いがまぶしく、園や親子で遊んだ草花を「多摩の草花」として、子育て家庭に届けたものです。

その後、地域にも国際化がすすみ、園にも数ヶ国の子どもたちが入園。小さな身体に、自分の国の文化や伝統を輝かせていました。

その子どもたちの宝もの、こもりうたや民族人形など版画や、文章にしてみました（第一部）。

人形の親子はエスペラント語で「何といっても戦争のないことが子どもたちの幸せ」と語り合っているようにも思われました。

ところが、近年再びイラクでの戦禍、そして天災、身近な事件、子どもたちの希望は？

「ここに……」心ある大人が小さな人たちの側にいることを紹介したく、第二部「あのひと　このひと　そのひとだあれ」を編んでみました。

ところで先般、私たちの保育園ではきょうだいが喜びのうちに誕生、園における特殊出生率は何と2倍を越えました。

そのことを他園に伝えると、私たちの園も同じと嬉しい共感！　保育園よりニュータウンはよみがえる。保育園（幼稚園）より地域や社会、世界は明るくなる！

それでは　みなさん　きょうもお元気で

もくじ

こんにちは（はじめに）　3

世界のこもりうたと親子の人形……7

スウェーデンの親子人形……8
あなたが好きよ　日本の親子人形……10
スリランカの保母さん　手縫いの家族人形……12
互いのために　ドイツ人形……14
「あかり」はどこから～ノルウェーから……16
となりのオリニ～アリランうたって……18
保育園の三姉妹～ニイハオ……20
森へ行きましょう～ポーランド……22
コーンと星のおくりもの～ケンタッキー……24
アンディ　スパンディ～イギリスのなわとび……26
長ぐつはいて～トルストイと一緒……28
また会いましょう～カローチャの花……30
おやすみなさい～チロルの子守歌……32
「希望」をだっこ～ネパールの子守歌……34
あの子がいた～ハローへミングウエイ……36
三つの森が、こだまして～ピノッキオの故郷……38
赤毛のアンと子どもたち～プリンス・エドワード島……40
こもりうたは親守うた！～この子の可愛さ限りなさ……42

あのひと　このひと　そのひとだあれ
──子どもに　げんきを　わたすひと──……45

あのひと　このひと　そのひとだあれ─子どもに〝げんき〟をわたすひと……46
保育の源流〝井の保〟の福知トシさん……48
がんこに平和憲法を願う土井たか子さん……50
〝みずべのうた〟を親子でうたう新澤誠治さん……52
〝今も人生の一日〟を生きる市村久子さん……54
日本のジェペットさんの前之園幸一郎さん……56
新天地に幸せな子どもの園を野口京子さん……58
八ヶ岳農場に〝木を植えた夫妻〟奈良英子さん……60
来て　見て　演じて　絵本美術館の田中裕子さん……62
あすなろを今日実践した今キヨ子さん……64
野尻湖のほとり2人のモモちゃん……66
ボンジュールBARVHANの勝山研子さん……68
愛書と愛車が空を越えて　園田トキさん……70
〝言ってみようわらべうた〟をと羽仁協子さん……72
〝秘密の花園〟から読み語りをしている山花郁子さん……74
〝こどもの農園〟を農援してくれる市川衛さん……76
ＮＰＯ保育園　仲間と共に種をまく川上順子さん……78
〝園と家庭を結ぶ〟『げ・ん・き』を新開英二さん……80
発行に寄せて……82
おわりに……84

版画・イラストレーション　浅井民雄

世界のこもりうたと親子の人形

Trollmors vaggsång
トロルの母さんの揺りかごの歌

香川　節　訳

När《ネール》 trollmors《トロルモールス》 har《ハール》 lagt《ラーグツ》 de《デ》 elva《エルヴァ》 små《スモー》 trollen《トロレン》
トロルの母さんが11匹の小さなトロルを手がけて

och《オク》 bundit《ブンディッ》 fast《ファスツ》 dem《デム》 i《イ》 svansen,《スヴァンセン》
そしてかれらをしっかりと尻尾でつなぐ　とき

då《ドー》 sjunger《スュンガー》 hön《ホン》 sakta《サクタ》 f r《フェル》 elva《エルヴァ》 små《スモー》 trollen《トロレン》
彼女はゆっくりと11匹の小さいトロルの為に歌います

de《ドー》 vackraste《ヴァックラーステ》 ord《オルツ》 hon《ホン》 känner:《シェネー》
彼らは彼女が知っている言葉にうっとりとします

Ho《ホー》 aj《アイ》 aj《アイ》 aj《アイ》 aj《アイ》 buff《ブッツ》 !

「お母さん」という子どもの声がすると、おもわず「わたしかしら」と、ふりむいたり、幼い日に、自分がこの瞬時に母を呼んだのではないかと、ふと、記憶を辿ることがあります。

世界中に子どもと母がいて、古今東西、おちちをのんだり、手をつないだり、赤ちゃんにやきもちをやいたり、おしりをぶたれたり、おんぶにだっこ、こもりうたと、たえまなく、繰りかえされています。

私は保育園で仕事をしているので、この親子のしぐさが、たまらなく愛しいものに思われます。

子どもたちの描く絵の中にも、名画といわれる中にも、旅先で出会った人形にも「親子でお元気ですか」と声をかけてしまいます。

スウェーデンの親子人形

「ヘイ(こんにちは)、スウェーデンのニルスちゃん」と呼びたい程のこの人形は、くるみのゆりかごに入り、毛糸で編んだもの。

「ニルス」が飛び立った近くの、**マルメ**という地で出会いました。

実は私どもの園には「ニルスのログハウス」があります。

子どもたちは日なが登ったり降りたりと楽しんで冒険。

いたずらがもとでトムテ(小人の妖精)にされ旅をするうちに、自然や動物、人への愛にめざめ、父母のもとに帰ってくるニルス。

この旅は、仲間と共に園で成長する子どもたちの姿と重なります。

縁あって『ニルスのふしぎな旅』(偕成社)を完訳した香川節氏と出会い、読書会で「トロルのこもりうた」を教えてもらいました。

スウェーデンの社会福祉の源が**ニルス**の中に秘められている事も。

AT

坊やはよい子だ

（東京）

ぼう　やは　よいこーだ　ねんーねーしー　な
ねん ね の　お も り は　ど こ へ ー い　た

あの　やま　こーえーて　さとーへいー　た
さ ー と の　お み や に　な に も ー ろ　た

でん　でん　たいこーに　しょうーの　ふー　え
おきゃがり　こ ぼ し に　ふ り つ ー づ　み

あなたが好きよ　日本の親子人形《こけし》

「いない　いない　バア」

赤ちゃんが何度も笑顔で求めてくるわらべ唄。

私が仕事をしている園には、数カ国の親子が在園しています。

その中で共通のものはこの、わらべ唄。

「ニイビザ　ニイビザ　オービザ」（みえない　みえない　ほーら　みえた＝ポーランド）

「チクル　チクル　パア」（いないいない　バア＝インドネシア）

愛されている喜びを知った子どもは、一時はもちろん一日でも後の人生でも、親（それに代わる人）と離れても、また再会の楽しみを見いだすことができるでしょう。

わらべ唄は子どもにとっては心や身体の喜びの表現。

かたや親や保育者にとっては子どもと信頼の絆をつけ、また子育ての具体的な手だてでもあります。

こもり　どろぼう

昔ばなしの語り手、藤田浩子さんが福島弁でしっとりと楽しく語ってくれた、はなしです。

ぬきあし、さしあし、しのびあしで入った家で寝ていたややこ（赤ちゃん）に泣かれ、おもわず「いない　いない　バア」。次々泣かれて「チョチチョチ　アワワ」最後にはおんぶして身体を静かに揺すりながら「坊やはよいこだねんねしな」と気持ちよいこもりうた。

赤ちゃんがやっと寝、畑から帰った祖父母に感謝されながら、米びつの米をもらい一件落着。現代っ子も笑いながら、あやしことばを覚えてしまいました。

「子どもたちを楽しませながら、子守の仕方や親になった時の智恵を授けたのでは」とのはなしも。

どろぼうの最後の切り札。これぞまさしく正調、日本のこもりうた。これわさ、優しさの表裏、「泣く子もだまる」とはここからきたのでしょうか？

AT

スリランカのこもりうた

දොයි《ドイ》 දොයි《ドイ》 දොයි《ドイ》 දොයිය《ドイヤ》 බබා《ババー》	ドイ　ドイ　ドイー　ドイエ　ババア
බයි《バイ》 බයි《バイ》 බයි《バイ》 බයිය《バイヤ》 බබා《ババー》	バイ　バイ　バイー　バイエ　ババア
නුබෙ《ヌベ》 අම්මා《アンマー》 කොතැන《コタナ》 ගියා《ギャー》	母さん　どこに行っちゃった？
කිරි《キリ》 එරවා《エラワー》 එන්න《エンナ》 ගියා《ギャー》	ミルクを取りに行っちゃった
කිරි《キリ》 මුට්ටිය《ムッティヤ》 ගඟේ《ガンゲー》 ගියා《ギャー》	ミルクの瓶は川に流れて行っちゃった
ගඟ《ガンガ》 දෙගොඩින්《デゴディン》 මුට්ටිය《ムッティヤ》 ගියා《ギャー》	川があふれて瓶が流れて行っちゃった
ගඟට《ガンガタ》 උඩින්《ウディン》 කොක්කු《コックワ》 ගියා《ギャー》	川の上では白サギが飛んで行っちゃった
දොයි《ドイ》 දොයි《ドイ》 දොයි《ドイ》 දොයිය《ドイヤ》 බබා《ババー》	ぐっすり眠りなさい　愛しい子
බයි《バイ》 බයි《バイ》 බයි《バイ》 බයිය《バイヤ》 බබා《ババー》	

中嶋幸枝　訳

スリランカの保母さん
手縫いの家族人形

両手を合わせて「アーユーボワーン」。子どもたちと一緒に覚えた、大事なスリランカの挨拶。

「こんにちは」「さようなら」どんな時にでも心が通います。

ギータ、タランガ、ブリヤ、ナディラ、クマーリー、ラクシカさんたちがスリランカから日本の保育を学びにやってきました。

心ある若いスリランカのお坊さんソーマ・ワンサ僧正と日本のクリスチャンの社会福祉法人至愛協会中嶋博理事長の出会いから、その交流が始まりました。

今から十数年前に来日した保育者から当時女性のしてはいけないことは、アルコールを飲む、自転車に乗る、髪を短く切る等と聞きました。

この三つこそ女性も喜びにしてほしいと語ったものですが、心配御無用、年ごとにいろいろな保育者が来日、友好をあたため合いました。

個性や出身地などさまざまですが、共通のすばらしさは、自国の衣装（サリー）を美しく着る、カレーをおいしく作る（母親手作りスパイスをトランクに入れて来た人も）民族舞踊やわらべ唄・子守唄を多様に踊ったり、うたったりして楽しむことが出来る事でした。

私たちは他の国に行ったら、自分の国の宝ものをこのように表現出来るだろうか。また、子どもたちに民族のアイデンティティを日常大事に伝えているだろうか。

学ばされたのは私たちでした。

だっこしたり、両足を伸ばし、子どもを乗せ、目線を合わせながらうたう、ドイドイドイの子守唄。赤ちゃんの離乳食もカレー？これは、日本から行った保育者が確かめ、日本と同じおかゆのようなトロトロしたものと聞き安堵。トロトロのドイドイが耳に残ります。

ホームステイを受け入れてくれた地域の各家庭の皆さんに感謝しています。

AT

ドイツのこもりうた

Schlaf, kindchen schlaf!
Dein Vater hütet die Schaf,
deine Mutter schüttelt das Bäumelein,
da fällt herab ein Träumelein,
schlaf, kindchen, schlaf!

Heidi Raschen

ねんねん　ぼうや　ねんころりん
とうさん　こんや　ひつじばん
かあさん　こえだ　ゆするたび
ゆめが　ころりん　ふってくる
ねんねん　ぼうや　ねんころりん

黒田　瑛　訳

互いのために　ドイツ人形

オメップ（世界幼児保育教育機構）の関係で、わが園にドイツの保育園よりハイジさんが来園。

ハイジさんと聞いて「アルプスの少女」をイメージしてしまったが、どうして堂々と美しく、日本のハムがとても薄いと笑いころげるユーモアのある方でした。

加えて、人物紹介の欄に、夫はよきハウスキーパーであり、ガーデナーとも。

私も共働きで同じ環境!?（庭は団地のテラス）口に出したことはあまりなかったのですが、ほう、やるなー、こういうことを自慢できるのもステキなのだ、と妙に保育外のところで感心してしまいました。

園内を参観中、ちょうど街の赤ひげ（女医さんは何と呼ぶのがふさわしいでしょう）先生がひとりひとりをていねいに歯科健診中。（この時の先生の助言で指しゃぶりが消える！）

ハイジさんがニコッと笑って、リュックから取り出したのは、何と子どもたちが歯医者さんに出かけ、場所と道具を借りて役交代で「歯医者さんごっこ」の写真。

ここまで出来ると本物ですね。

さて、夕やけの時間になって、さようならのかわりに、各々国の「こもりうた」の交換。

訳してくださったのは始終、お世話下さった黒田瑛先生。

最後にハイジさんのメッセージカード、こうのとりの親子のさし絵と共に、「お互いのためにいるんだよね」と。

「友あり遠方より来たる　また楽しからずや」の一日でした。

AT

こもりうた

詞　野上　彰　　曲　團伊玖磨

昔々よ北のはて　オーロラの火のもえている
雪のお城がありました
それから母さん　どうしたの
だまっておききよ　いいはなし　おはなしきいて
ねんねんよ

雪のお城のお庭には　氷の花が咲いていて
雪の小人がすんでいた
ほんとに　母さんおもしろい
だまっておききよ　いいはなし　おはなしき
いて　ねんねんよ

雪の小人は十五人　そろって白い雪帽子
帽子の玉は銀のふさ
おやおや母さん　すてきだな
だまっておききよ　いいはなし　おはなしきいて
ねんねんよ

帽子のふさを　ふりながら　いちんち　踊っ
てくたびれて
ねむった小人は十五人
そうして　母さんおしまいね
いえいえ　まだまだ　いいはなし　おはなし
きいて　ねんねんよ

ねむったあいだに　いたずらの　白いこぐまが
まっていた
ふさのついてる雪帽子
…………（ハミング）
あらあらおねむね　おころりよ　お寄って静かに
ねんねんよ

「あかり」はどこから

北の国ノルウェーのオスロに、フログナー彫刻公園があります。

冬でも子どもたちが色とりどりの帽子やコートを着て、短い大事な陽を求め遊びに来ています。

お母さん像の馬にまたがったりくぐったり、おじいちゃんの膝に抱っこしてもらったりと、石像の「さあ、おいで」に応えて幸せな子どもたちのポーズ（『わが心のヴィーゲラン』グラフィック社）

ノルウェーのもう一つの自慢は何といっても女性の政治参加、閣僚の数は世界一でしょう。

制度的にも（クオータ制・男女いずれか四分の一以下は不可）いろいろあると思いますが、「どうして」の質問に待ってましたとばかり答えてくれたのは、ノルウェーで長く生活している日本人の吉田さん。「しごとをとりかえたおやじさん」の話をしてくれました。

日ながが赤ちゃんをあやしたり、寝かせたり、おそうじをしたり、牛の世話をする奥さんと、きむずかしいおやじさんが、一日仕事を交代した結果は?!（『こどものとも二二四号』に再話が出ていました）さあ大変！

「子どもたちは、この昔話を小さい時から何度も楽しんで聞いたのですから！」というウインクに納得。

おみやげにいただいたニッセ（家畜を守る小人の妖精）家族のクリスマス・オーナメント。

おばあさんを囲んで昔話を聞く子どもたちの人形はノルウェー・リレハンメルの冬季オリンピック開会式のよう……。

子どもたちや先住民を大切にする北欧社会を象徴している演出でした『サンタクロースの大旅行』岩波新書にも紹介されていました。

北欧の小人たちが、こもりうたやクリスマス飾りになって遠く離れた日本の子どもたちに「あかり」を灯してくれる十二月、そして新しい年です。

AT

アリラン

アリラン　アリラン　アラリ　オ

アリラン　コーゲイロ　ノームーカン　ダ

ナールル　パウリゴ　カーシーヌーンニム　エーン

シムニド　モォッカァッソォウ　パルピョンナン　ダ

となりのオリニ

韓国へ行った家族がおみやげを持ち帰りました。

キムチの国から何とチョコレート。でもうれしいことに菓子箱には、チマチョゴリを着た子どもたちが、喜々として遊ぶ姿、小さな包みにも一個ずつ遊びが描かれ何十種。どれも日本の子どもの遊びと同じで、文化の交流がよく伝わります。

馬乗りジャンケンなどの絵を見ながら、懐かしく三十数年前の保育園が思い出されました。

東京のある保育園で当時、Nちゃんなど韓国の子どもたちが通園。みんな親を手伝い、リヤカー等押している姿が印象的でした。

新米保育者の私が「寝る前に一冊の本を」などすすめると、「アリランうたって川の字よ。寝るほど楽はなかりけり」と歌を口ずさみ、明るく親子で手をつなぎ帰って行ったものです。

思い出はさまざまたぐり寄せられますが、三月は東京大空襲。関東大震災、治安維持法などくぐってきた親から、次の世代は中国、朝鮮の人たちと仲良く尊敬し合うよう聞かされました。

今の日の丸、君が代問題、こんなにあっけなく、戦前戦後を忘れてしまってよいものかと案じます。

ちなみに、私は愛国者！君が代に代わり日本のわらべうたや昔話を百も二百も、子どもたちとうたって楽しんでいる保育者です。

こんな保育者が感銘を受けたのは、隣国、韓国の「オリニ」（子ども）という雑誌と宣言文。日本統治下に出されたものです。（「子どもの本一九二〇年代展　庭園美術館」や「絵本・ことばのよろこび」日本基督教団出版松居直紹介あり）

オリニの日宣言文には、「オリニを見下げないで見上げて。昇る朝日と沈む夕日を必ず見ましょう。お互いによい言葉づかいをしましょう（李相琴　訳）」などの美しいことばでつづられています。「オリニ」を理解し合い、次の世代と課題を共有したいと思います。

AT

中国の子守歌

搖啊搖、搖啊搖、搖到外婆橋。
外婆叫我好宝々，一只饅頭、一块糕。
搖啊搖、搖啊搖、搖到我的宝々
要睡覚。

ゆーらゆら、ゆーらゆら、おばあちゃん
橋までゆーらゆら。
おばあちゃんはいい子ってほめてー
おまんじゅうや、お菓子をくれて。
ゆーらゆら、ゆーらゆら、私のかわいい
子よーねむるまで　ゆーらゆら。

薛麗芬　訳

保育園の三姉妹

「このお話から、あのお話へ」「始まりがあっても、終わりはないわ」

花の下で子どもたちが遊ぶ姿より始まる「宗家の三姉妹」の映画を岩波ホールで見ました。

二十世紀初頭の中国で、両親の愛情のもと古い因習にとらわれず、財力、権力、祖国を愛した三人三様の生き方が印象的でした。映画を見ながら私は在園児で同じく三人の中国の璃華ちゃん、莉華、礼知ちゃんたちを思い浮かべました。

赤ちゃんの時から、你好（ニィハオこんにちは）、降園時には、謝謝（シェシェ　ありがとう）とはにかんだり、元気に挨拶する子どもたち。小さな個性を光らせながら、保育園で成長しましたが、二十一世紀は、この子どもたちが中国と日本の深い交流を担ってくれるのではと期待し楽しみにしています。

さて、私たちの園では、入・卒園時など、次の入園者のためにその国の「言葉」（文字）で三つの園の方針を書いてもらっています。

英語圏、アジア、ヨーロッパなどその数、十数カ国（しおりに挿入）。

文字ひとつでも各国の文化の一端が伝わり、異なるものとの共存、互いの信頼関係がわいてきます。

保育方針の一つ、「外国の友だち、体の不自由な友だちも地域で共に」「任何児童、不論国籍、也不論有何残涙、一律同等対待、以使在地区社会中共同成長」（大平）

中国は漢字の故郷、各地で異なる言葉のようですが、よく分かり感激。

楽しいエピソードもあります。おんぶした母親（マアマ）の背から「啐（ジイ）」日本の「いないいない　バア」と対照的で大笑い。

この人形は幼児の時、中国から引き上げてきた保育者瀬尾久美子さんの宝もの。

思い出と共に、「終わりのない」子育てに心をこめている姿に感謝しています。

AT

二匹の子猫

高橋ミチ　訳

Aa — Aa — Kotki dwa.	あーあ　あーあ　二匹の子猫
Szarebure obydwa,	二匹とも　黒とグレーのまだら
nic nie będą robiły	二匹とも　なぁんにもしないけれど
tylko mi cię bawiły.	私の赤ちゃんをあやしてくれる
Aa — Aa — Kotki dwa.	あーあ　あーあ　二匹の子猫

森へ行きましょう

しっとりと雨の降る時、また、こもれびが風に揺れるひととき、クリスティナさんはモップの先に顔を乗せ、ふと仕事の手を休めます。

Kさんの故郷はポーランド。結婚後、日本にやって来て、末っ子の保育園入園とともに、園の環境整備の仕事をしています。

「うっとうしい雨でしょう」

「ハイ、うつくしい雨ね。花もはっぱも喜んでいるよ。ポーランドの森も同じね。雨はうれしいね」

雨が降ると、子どもの時を思い出すと懐かしげに遠くを見ます。

私も田舎に疎開をしたことを伝え、借りた家が雨もりをして「ポタン」と私が言うと、Kさんは「ピタン」「ポタン、ピタン」と擬音が妙にハモって合唱してしまいました。

ついでに、日本の昔ばなし「ふるやのもり」。何が怖いといって、雨もりほど……という話も、「わかるね」

「でも、昔は良かったね。家族みんなでご飯を食べたよ」

「今は日本もポーランドもみんな忙しいね。ご飯、一人ひとりよ」

それに、家（団地）で猫も飼ってはいけない。「どうして」の問いに、私も一瞬絶句。

さて、園にはもう一組のアーニヤ家族も通園。祖父母がポーランドより来た折りに、Aちゃんのお母さん、Kさん、みんなで相談し、子どもたちに聞かせてくれたうたは、『シュワ、ベェチカ・森へ行きましょう』のうた。

森にはジャムをつくるこけももの実や、きのこもどっさりあるということも。

話や歌を聞きながら、そうだ、私たちの生活は野山や畑、森、家畜からずいぶん遠のいてしまった。だから、みんなこんなにも、あわただしく、息切れをしているのだなあと実感。

もう昔には戻れませんが、これからです。子どもたちと畑を耕しましょう。森へ行きましょう。

AT

STARLIGHT, STAR BRIGHT

星の光よ、明るい星よ、今晩みつけた一番星。
私ができる願い事、私が出来る願い事、
今晩何か願い事をしよう。
星の光よ、明るい星よ、今晩見つけた一番星。

（メアリー野口　訳）

コーンと星のおくりもの

米国、アパラチア山脈のふもと、ケンタッキーより、とうもろこしの人形が届きました。

「ケンタッキー」といえば、子どもたちは、「フライドチキン！」その子の母は、「牧場のマクドナルドおじさんのマザーグース」、祖母は「懐かしの我がケンタッキーの家」と、三世代さまざまな印象でした。

人形も三世代を思わせる作品。祖母に抱きかかえられた赤ちゃん、愛おしく見守られ手をつないでもらう年上の子。

だっこされた子は肌を通し、十分愛されているので、むしろ手の離れたおにいちゃん、おねえちゃんと呼ばれる上の子を意識して、手をつないだり、言葉をかけるように。というような、古今東西の大事な子育ての知恵を、さわやかに伝えてくれるものでした。

さて、この人形の贈り主は、信頼する保育園園長野口京子さん息子のパートナーメアリーさんより。

ふるさと、アメリカのおみやげに、つきることのない子育てを明るく、頼もしげにしている義母や保育者の仕事を思い出して求めてくれたとのこと。

When a woman
thinks her
wark is done.
She becomes
a
“Grandma”

「命を育てる仕事を終えた時、また新たな命の仕事が始まる。祖母」

人形のメッセージカードもそえられていました。

今、Mさんは日本の学生にヒューマンな生き方も教えてくれる先生。二人の子どものお母さん。

「結婚前に家事育児、夫婦互いに協力をと約束し合ったので幸せ」と、こもりうた(星の光よ)をうたいながら、一番星の願いがかなったことを喜んでいるようです。

きらきら毎日輝いて……。

AT

はい　こねこちゃん　こねこちゃん
　　わたしのかわいい　こねこちゃん
いとしいことよ
　　このうえなしよ
さあ　のぼろう　たかい　たかーい
　　さあ　くだろう　ひくい　ひくーい
おつぎは　うしろ　つぎはまえ
　　ぐるぐるまわって　はいぐるり

（イギリスのナーサリーライム
赤ちゃんを抱いてのあやしうた）
田辺敦子　訳

アンディ　スパンディ

先頃イギリス首相宅に赤ちゃん誕生、少子化の中第四子、共働き、高齢出産、加えて首相の産休とあって世界のニュースになりました。

この話題、進んでる？遅れてる？ともあれハンプティ・ダンプティ父さんのこもりうたは……。

同じ国で、縄跳びうたを赤ちゃんの時から、こもりうたのように聞きながら育った女の子、エルシー・ピドックの話を聞きました。

おとうちゃんのズボンのツリ紐で跳びはじめ、やがて少女の時夢の中、フェアリー（妖精）にいざなわれ、すべての跳び方を学ぶのです。

そして幾年月、子どもたちの遊んだケーバーン山が壊されそうになった時、村の子どもたちの縄跳びのアンカーとして、小さな子どもほどの背丈になったおばあさんエルシー・ピドックが跳び続けるのです。

三日月の晩、今もその姿ありと…「アンディ」をうたいながら。

この話は「エルシー・ピドック夢で縄とびをする」という題で、『ヒナギク野のマーティン・ピピン』（エリナ・ファージョン作　石井桃子訳　岩波書店）に載っています。この本をを紹介してくれたのは、川越ゆりさん。学問は学窓だけではなく、地域にもと文庫や小さな文学会にも足を運んでくれた、若くてすてきな児童文学者です。川越さんのことが、『季刊子どもと昔話』三号（古今社）に紹介されていました。

＊　＊

すっかりファージョンの世界に魅了された私たちの前に、思いがけなくエルシー・ピドックのような方が現れました。

その名は福知トシさん。保育界草分けで、戦後、リンゴ箱を椅子や机にして野原の木陰で子どもたちにお話を語り続けた先生。

「ファージョンから、どれほど多くのお話のヒントを得たことでしょう。子どもは何がなくとも、お話を食べて大きくなりましたよ。おもしろくて、毎日集まって。今の子どもも本質は同じ。語ったり、読んであげて下さいね」

昔も今もさまざまな分野で、子どもを守るエルシー・ピドックがひそやかに懸命に跳び続けているのですね。あちこちに。

AT

こもりうた

ねんねんころり
ねんねしな
ねんねのほうびに　ゆきぐつかって
ぼうやのあんよに　はかせましょ
かわいいあんよに　ゆきぐつはいて
おさんぽしましょう　ふゆのみち

「ロシアのわらべうた」
内田莉沙子　訳

長ぐつはいて

クリスマスも間近、私たちの園ではこの季節、四・五歳児の子どもに聞かせる話があります。

『クツやのマルチン』の話で、語りべは、子どもたちから真お兄さんと慕われている福島園長。

実直なクツ作りのマルチンに神さまが訪ねるという約束の日、朝から来たのは道路掃除のおじいさん、おなかをすかした母と子、りんごを盗ろうとした少年。

各々にお茶やスープ、温かい言葉でもてなした夜、実はその人たちこそが神さまだったという話。

作者はレフ・トルストイ。しみじみと話を聞く子どもたちを見ると、国も時代も越え子どもたちは語り手を通し、トルストイ本人から「愛」を手渡されているようです。

トルストイは晩年、子どもたちこそ命の希望と、子どもと対話し、教科書を作り靴を縫いながら畑を耕し続けたとのこと。

さて一緒に話を聞いていた大人も、この一年の来し方行く末、一期一会に感謝。

間もなく子どもたちは白いおひげ、長ぐつをはいたサンタより、二十一世紀につなぐプレゼントをもらうことでしょう。

長ぐつをはいて二十一世紀へと思いをはせるものの中に、私たちの園では田植え、稲刈りの暮らしがあります。

子どもたちは、カエルやトンボを追いかけながらの喜びの仕事。この営みの大切さを教えてくれたのは、職員の子育て時、出会った農業小学校。あれから十数年、児童文学者の今西祐行さんと地域の方は心をこめ続けているとのこと。

卒業証書の代わりに、葉つき大根をいただいたことを思い出しました。

二十一世紀の新年、子どもたちに母なる大地、日本の低農薬の米や野菜、四季の草花、木の実、野鳥等五感を通し渡したいものです。

長ぐつをはいた「トルストイ」も「下の畑の賢治さん」「今西祐行さん」も、そのことを教えてくれました。

AT

ねんね　赤ちゃん

Tente baba tente	ねんね　赤ちゃん
A szemedet hunyd be	目をとじて
Aludj ingó–bingó	ゆらゆら　ねむれ
Kicsi rózsabimbó	小さなバラのつぼみ
Alszik az ibolya	すみれも　ねむる
Csicsija – babája	しずかに　赤ちゃん

荻野和代　訳

また会いましょう

「春風吹けば、花よわが花…」

ほほを染め、カローチャ刺繍の花のように、うたってくれたハンガリー乳児保育園園長イリさん。

自分の国の音楽を大切に子どもたちに伝えましょう、と自国と日本のわらべうたを澄んだ音色で聞かせてくれた「カラーカ」ハンガリー音楽グループの皆さん。

ここ数日、昨日・今日・明日というふうにハンガリーの音楽や文化に出会いました。(この中には貴腐ワインも！)ハンガリーは遠い国にも思われますが、乳幼児教育、音楽関係者には、身近な学びの多い国。

さて、〇歳からの乳児保育が求められている日本は、今までのように幼児の年齢をさげたような保育内容には、問題や限界が出てきました。

中でも、乳児のとき、家庭でも園でも、父・母という大事な人、保育者等も特定の人から受容され、愛され、信頼関係を築くことがどれほど大切か見直されました。

どの時代でも当然な子育て観ですが、これからをみすえ、改定保育所保育指針として、二〇〇〇年四月実施。

乳児の担当制。心ある園や保育者により試みられていた保育の形態が市民権…いいえ保育権を得るのには、ずいぶん時間がかかりました。が何よりでした。

ここに至る三十数年、心理、生理学等の理論をシステム化し、現場の保育者や園長を援助してくれたのはコダーイ研究所や民族音楽家、研究者、実践者の方々。

話が少し寄り道しますが、子どもたちの好きなわらべうたに「でしこし　カッポー」というふくろうのうたがあります。

私たち保育者や研究者は、当時すでに担当制のもと乳児保育をていねいに実践し、母国語やどの子どもにも音楽の喜びを伝えている国、ハンガリーへ行ったり、来ていただいて学びました。

「出し来し、闊歩!?」を始めてから、今もつづいています。

AT

チロルの子守歌

阿部明美　訳

ねんねんよ　ねんねんよ　しずかにねむれ
かあさん　おでかけ　もどらない
ぼうやはおりこう　ひとりでおやすみ
ねんねんよ　ねんねんよ

ねんねんよ　ねんねんよ　しずかにねむれ
天使が　ぼうやを　みまもっている
良い子のぼうやを　夢の国に　誘うよ
ねんねんよ　ねんねんよ

おやすみなさい

ザルツブルグを訪れたのは冬でしたが、近来にない暖冬とのこと。花壇には三色スミレやバラ、芝生にはひなぎくの花がそこここに。「ここが『サウンド・オブ・ミュージック』の舞台になったミラベル公園、子どもたちが登ったり降りたりしながらうたった場所…」「この山あいをバックにギターを」と案内してもらい、エーデルワイスなど口ずさんでホテルに戻りました。

テレビをつけると、懐かしいドイツ映画の『菩提樹』(その後、アメリカでミュージカルと名画、『サウンド・オブ・ミュージック』に)

今度、『サウンド～』に出演した当時の子どもたちが、一同に会した番組が作られたので、間もなく日本のテレビにも登場するでしょうとの興味深い話を聞きました。「クックー、クックー時計が鳴ったのでもう　おやすみ。もっとここにいたいけど」とうたった子どもたち。ナチスの追手を音楽で果敢に逃れた役を演じた子どもたちは、現代にどんなメッセージを届けてくれるでしょうか。

さて、もう一つの「おやすみなさい」は、同じ時間、他のチャンネルを回すと、オーストリアの子ども(四歳前後)がポケモンを見た後、ベッドの中、頭痛で泣く姿。

目もくらむ閃光、両親の訴え、他方路地でポケモンカードで楽しげに遊ぶ子どもたちの様子。最後に少年の涙のひとしずくの場面で静止。「どう考えますか」という意味(私的な解釈?)の番組。

日本の帰りの電車はユニセフ車両。何とポケモンが明るく笑って「世界の子どもを助けてね」と言っているではありませんか。

ディズニーのミッキーをもしのぐたいしたモン。いいことも悪いこともいっぱいして、あなたは何なの。答えは『母の友』二月号(福音館書店)。「ポケモン問題って、何だったの?」をご覧下さい!!
(閃光の危険を指摘していました)

A.T.

ネパールの子守歌

Tala Baji Lai Lai
手をたたいて　らら

Mama Aye Ghoda,Mijyu Ayin Doly
おじさんが馬に乗って来た、おばさんが輿に乗って来た

Papa Lyain Seli,Kafal Pakyo Ghutukka
揚げたお菓子を持って来た、カファル（果物）熟れた　食べちゃった

～スレスタ妙子　訳～

＊Mama（ママー）＝母方のおじ、Mijyu（マイジュ）＝母方のおば。子どもにとって、ママーとマイジュは親より重要な存在。ママーとマイジュにとっての、おい・めいは神様と同じ（おい・めいの面倒をみることは、宗教的に徳を積むことになる）

「希望」をだっこ

ヒマラヤの山々を仰ぐ、ネパールの子どもたちの様子をつぶさに聞きました。

語ってくれたのは、園児Sちゃんきょうだいのお母さん（日本人）。世界を自分の目で見て確かめての旅の途上で、よきネパール人に出会い結婚し帰国したとのこと。

「子どもへの願いは」と聞くと、自分がネパールで暮らしていた、近所の子どもたちのように、「どの大人にもかわいがられ、そしてよく叱られ、外で真っ黒になるまで遊び、仕事の手伝いをよくする子」（公立学校に通う）のように育てたいと。

近所中がまるで家族のようでしたとも話してくれました。

その他、国の中にいろいろなタイプの子どもたちがいることも。

「制服を着て英語で教育を受ける私立校の子ども」「学校に行かない子ども、低いカーストの集落、家の仕事の重要な労働力です」「特にカトマンズにはストリートチルドレンといわれる子どもたちもいます。観光客を相手に物乞いを」「チベット仏教のお寺で修行をしている幼いラマ僧くんたちもいます」「特殊な子どもとして各都市に一人**クマリ**と呼ばれる生き神様も」（略）。

生き生きと暮らしている子どもたちを思い浮かべながら、身近にネパールとかかわっている友人を思い出しました。

山梨の開拓百姓のSさんと仲間。地域の子どもたちの応援も得て、学用品や農具を背負い、毎年ネパールの山間に届けているとのこと。

Kさんは、ユネスコが識字絵本で安全にお産ができるよう普及している資料や、その支援をみんなに伝えてくれました。

さて、最近Sちゃんに妹誕生。クラス便りに「亜紗ちゃんが産まれました。**アサ**という言葉は、お父さんのお国ネパールでは希望という意味とのこと。日本の朝も希望、言葉の縁！赤ちゃんおめでとう！

今　純子」

puesta del sol （プエスタ・デル・ソル＝夕焼け）

ハバナ湾の夕日はゆっくり沈む
空の色をつぎつぎとぬりかえながら

アズリー青
ベルデー緑

これからこれから

マロンー茶
マルバー紫

おなかぺこぺこ

ナランハー橙色
ロホー赤
ロホッ、ロホッ、まっかっか

ほんのちょっとで今日にさよなら。
さあ、みんなで海に向かって声をそろえて
トレスー３、ドスー２、ウノー１、アディオス！

JAM MANABU 詞

あの子がいた

「かれは年をとっていた。メキシコ湾流に小舟を浮かべ一人で魚を…」。古本屋の主人が静かに読み始める『老人と海』（ヘミングウエイ）。

ひたむきに耳に心も傾ける一人の少女。

キューバ革命前、貧しい中、向学心に燃え、米国への留学を夢み、果敢に真向かう姿と結末の孤独さ。

『ハローへミングウエイ』の映画を観てきました。

映画は、『老人と海』の老人にその少女の姿を重ねていました。

そして映画の中で、心ある教師の「あれは悲しい話ではありません」という言葉も、胸にきざまれました。

映画館の入口でちょっとしたトラブルが。ガングロといわれる少女たちが、学生証や定期券はと問われ、「忘れました」を繰り返しながら無事入場。

年輩者の中、出ていってしまうのではと気にかかりましたが、映画の終了時、泣き笑いしながらお化粧下の涙をぬぐう姿が印象的。

時代や国を越え、キューバや日本の少女がいとおしく思われました。

さて、遠いキューバを身近にしたものの、もう一因は、近しい若者がキューバを訪ね、保育園におみやげを届けてくれたことです。

コヒマルの夕焼け（『老人と海』の舟が出た港）や椰子の木陰で野球をする少年たちのスナップ（マンゴーに石を投げ採る子どもたちに野球道具をそろえチームを作ったパパへミングウエイの話も）。

チェゲバラの書いた母と娘、またカストロへの手紙。それから…「プエスタ・デル・ソル」の歌と親子人形。

「人生最大のトロフィーは息子を授かったことです」という歌手のオマーラさんの歌も聞こえてくるようです。

NINNA NANNA “FATATA”

八田高聡・ゆり子　訳

おやすみ　おやすみ　愛しい子
頭を枕に
不思議の国で
いっぱい楽しい夢をみてね

妖精　小人　魔法使い
チョコレートの湖
それから　山の上や　海の上を
飛ぶ夢をみてね

おやすみ　おやすみ　小さな子
わたしは　あなたの　そばに　いるわ

妖精　小人　魔法使い
チョコレートの湖
それから　山の上や　海の上を
飛ぶ夢をみてね

三つの森が、こだまして

「むかしむかしあるところに…『ひとりの王さまがありました』と、ぼくのかわいい読者諸君はすぐにいうでしょう。いいえ、子どもさんたち、ちがいましたね。あるところに木ぎれが一つあったのです。」

何度読んでも楽しい本の入口。クオレと共にイタリアの児童文学の傑作『ピノッキオの冒険』（コッローディ作　杉浦明平訳　岩波書店）。

ジェッペットじいさんの手から生まれ広い世界を旅して…。

その名も現代のジェッペットさんが作った人形があるというので、見せてもらいに行きました。

場所は八ヶ岳麓の森。庭の千草の咲き乱れる、清里ステンドグラス工房ボッテガ・ヴェスタ（伊語。女神の工房の意）。木の床や家具に囲まれた中、木片人形は静かにアコーディオンを奏でていました。

工房の主はステンドグラス作家夫妻。過ぎし日、幼いわが子とイタリアを旅したエピソードも…。

子どもの名前の一文字、大という刺繍をしたセーターを着せて行ったところ、その呼び名がイタリア語の「ダーレ」に似ていて「アンコール」「ホレホレ」と相手を喚起する言葉でみんなが歓喜！

ピノキオの故郷トスカーナ近くオルヴィエイトで「日本の少年！」と、よき親善を果たしたそうです。

興味つきない話に耳を傾けていると、おや、隣にトトロが！

工房の主はそっとトトロの秘密も教えてくれました。

今年十月にオープンする「三鷹の森ジブリ美術館」館内の光さざめく所のステンドグラスは、この工房で誕生。すでに「ネコバス」に乗って何往復、キキも千尋もここから飛んで行ったとのこと。

イタリア・ジブリ・ボッテガ・ヴェスタ、相まって二十一世紀、子ども本来が持つ、よきものを呼びさましてくれることは希望です。子どもはより道しながら成長します。最後に、ジェッペットじいさんの言葉。

「わるい子どもがよい子どもになるときは、その家庭の中まで、あたらしい、ほほえましいようすにかえる力をもっているのだからね。」

へーい、おやゆびさん

エスキモーの伝承

へーい、おやゆびさん、おきなさい！
カヌーのりたちがおでかけだ。
へーい、さしゆびさん、おきなさい！
ボートのりたちがでかけるよ。
なかゆびさん、おきなさい！
たきぎひろいたちがでかけるよ。
四番目のゆびさん、おきなさい！
木の実ひろいたちがでかけるよ。
へーい、こゆびさん、おまえもおきな！
こけひろいたちがおでかけだ。

『世界の子ども詩集』羽仁協子編　コダーイ芸術研究所

赤毛のアンと子どもたち

水鳥、鷲、川せみ、成田で両替した紙幣。自然と共存するというカナダへの旅はここから広がりました。（現地ではさらに熊、へらじか、川うそ、何と子どもの絵もコインに）

行き先はプリンス・エドワード島。ふり出しに戻りますが、私たちの園に文庫があり、子どもたちに喜びの活動。時折の研修を「夢みる乙女の旅」と称し美術館等へ。

二十代～五十代の仲間なのでその呼び名がほほえましいのですが、かくいう私もアンのファン。

どうして『赤毛のアン』は子どもたちや昔子どもから愛されるのでしょうか。

空想の世界に生きたり、失敗を乗り越え自立していったりと読みときの研究書も多数あります。が、百年も前の本が今に生きる秘密。

家族のありようもその一つでは。いつの時代も個人、社会共に血縁をよしとする中で、まったく他人の祖父母のような人たちに愛し愛され、家族や友人をつくっていくアン。

現代の保育園等の子どもたち、また介護の高齢者を思う時、この要素は重なります。

こんなことを考えながら、ついた島は、「海辺のゆりかご」（別名）、じゃがいも畑と麦畑、赤い土の道、時折の入り江、美しい島。モンゴメリーの書斎（博物館）、生家グリーンゲイブルスハウスなど昔のたたずまいの中、調度品、各国の翻訳本、手づくりアルバム等大事に保存されていました。

あたりを散策すると、ふとよぎるのは自分の育った所、故郷。アンと響き合う日本の美しい田舎！

さて島を離れロッキー山脈の麓には、どこまでも続く囲いがあり先住民の保護区とのこと。旅人の目にはひっそりと影りました。

ロッキーの山並みは精悍《せいかん》な先住民の顔にも似て、我が魂はここに有り、「起きよ」と祈りのようにも。旅のすごろく、上りは子どもたちへ美しい故郷を、の始まりになりました。

AT

＜眠らせ唄＞

この子の可愛さ（静岡）

坊やはよい子だ　ねんねしな
この子の可愛さ　限りなさ
天に上《のぼ》れば　星の数
七里が浜では　砂の数
山では木の数　萱《かや》の数
沼津へ下《くだ》れば　千本松
千本松原　小松原
松葉の数より　まだ可《か》愛《わ》い
ねんねんころりよ　おころりよ

こもりうたは親守うた！

眠る、遊ぶ、かけてゆく「美術の中のこどもたち」（東京国立博物館）を観て来ました。

「たくさんの子どもたちに会いに行きましょう」といざなうパンフレットの一節は、江戸時代以前の作品にもかかわらず、現代の保育園等の子どもたちや親子に、ほっとするほど似ていました。

中でもみんなが足を止め、見ず知らずの隣り人と笑みを交わしたのは、おんぶ姿の親子や、赤ちゃんの手形、足形などの縄文土器。

お守《まも》りにしたのでしょうか。いつの時代も、病気や災害から守られるよう、健やかな成長を願ったのでしょう。

気持ちよく眠る赤ちゃん、お母さんの口元からはこもりうたがこぼれそう…。

さて、このこもりうた、その歴史や本質など諸説研究がありますが、静かなリズムの鼓動や揺れ、触れるなどしながら、人の声でうたえば赤ちゃんは心地よく、うたい手にも忍耐するゆとりや安らぎが生じます。

以前、日本のこもりうたは、貧しい子守りのうっぷん晴らしだったので、シューベルトやモーツアルトのこもりうたの方がよいですね、と話された音楽家がいました。

貧しさは古今東西あったのですから、むしろその中にあって赤ん坊を背負い、仲間と共に遊びほうけ、夕陽に向かって気分を晴らし、希望をうたいあげた日本の子どもたち、きょうだいの多かった自分たちの子ども時代も重なります。

子育ての厳しさをうたで晴らすすべも持たない現代、「寝る子は体が育つ。食べる子は心が育つ。遊ぶ子はよく笑い賢く育つ」ように、こもりうたやあやしうた、わらべうたが若い親たちの応援のうたとして見なおされてきたのは幸せです。

わが子は、ほんとは日本一、いいえ世界一、かわいいのですから。

あのひと このひと そのひと だあれ

――子どもに「げんき」をわたすひと――

あのひとこのひとそのひと だあれ

―子どもに〃げんき〃を わたすひと―

　その人は、目も指先からも温かな音の喜びを振りまいてくれました。新年コンサートの小澤征爾さん。心が躍りました。

　その後コメントで、新機軸はとの問いに、子どものための音楽会を、客席を外し板《いた》敷きにして、安くと。

　その前日には大江健三郎さんが子どもに向けた物語『二百年の子供』にとりかかるとのこと。正義と邪悪、生と死のテーマはきっとよりわかりやすい文章になって登場することでしょう。（昨年出た『自分の木』週刊誌連載中に、保育園の中学同窓会の折り、子どもたちに読んでもらい好評。）

　朝日新聞には、これまた宮崎駿さんが、取り戻そう元気エネルギーをと眼鏡の奥で笑っていました。ああよかった！

　筆を折る、これが最後とも聞いていましたがコンテは折らず、もう一尋の作品を手がけるとのこと。

　ちなみに「尋」とは両手を広げて指先から指先までの長さ（布などを測る）とのこと。『千と千尋』の大当たりはこの命名にも由来していたのでしょうか。

　〃げんき〃のもとは高齢者と思っていましたら、日野原重明（聖路加病院・医師）さんは65歳も75歳もまだ若い、その力の結集を。赤ちゃん（胎児の時から）も死を迎える人も音楽がどんなによく聞こえ、なぐさめになるかと。音楽療法士の会づくりを進めているとのこと。

　このはなしを聞いたあと、文学もまた生きる喜びの糧になるという人に出会いました。

　「石井桃子展」（東京・杉並区立中央図書館）を見ました。ご存じ『ちいさなうさこちゃん』『クマのプーさん』『ファージョン作品集』等の訳者で、90歳を越え命と競争で訳し続けているとのこと。

　戦後の時代から今まで（これからも）どれほど多くの子どもたちを幸せに育ててくれたことでしょう。

　会場には「元気にひとにきかす歌」。プーの詩と共に、次の言葉の色紙が用意されていました。

「子どもたちよ　子ども時代をしっかりと　たのしんでください。おとなになってから　老人になってから　あなたを支えてくれるのは子ども時代の『あなた』です。」

本は心の宝物とのメッセージも。

有終の美はこれまた元気印。「おぃいぽぽんた　講演会」（市民立黄柳野高校チャリティー）。

21世紀をシャンと生きていけるように、子どもがげんきになる詩を読んでもらいたいと大岡信さん。喜びの詩の源はわらべ唄にあるのではとの意も語ってくれました。

21世紀の幕開けがあまりにも悲惨だったので、希望と元気を子どもたちに託そう、渡そうと心ある人たちはふるい立ったのでしょう。

はじめの一歩は著名な人たちとの出会いになりました。

『あのひと　このひと　そのひと　だあれ』次頁よりは隣りびとを。

そのひとの次はあなたという、私に誰もがなれるように。

それでは今日もお元気で！

保育の源流〝井の保〟の福知トシさん

その人の名は「三鷹の森ジブリ」のそのまた向こうの小さな「オバケの家」に住んでいる福知トシさん。

どうしてオバケの家？ある日トシさんは、こんな声を聞いたそうです。

「なんだか竹がザザッて音がするし、こんな所にオバケがいるんだよ」「オーイオバケ、おまえなんかこわくないぞ」

どうやら散歩中の保育園の子どもたち。もううれしくてたまらなくなったトシさん、シーツをかぶって「オバケダゾー」みんな、くものこ散らして一目散！

この家、井の電がゴトゴト走る高台に春夏秋冬、桜、あじさい、ひがん花、からすうりに夕陽が灯もる家。


小さな石段を昇り、小さな木のドアをそっと開けると…そこに大きなテーブルとたくさんの本や椅子。

絵本の人形やお好みのティーカップに美味なお茶。そう、本当はこの家「ハメルンの笛」と呼ぶ桃源郷なのです。

トシさん年齢不詳、長年保育園の園長を務めたので、停年で朝起きたら全部、自分の時間だと思うと幸せです、と退いたのは十数年前。これからは畦道を楽しみにしていますと。

その後は理事長として、保育運動や地域福祉等応援している方。

五十数年前の疎開保育や、焼け跡でりんご箱を机や椅子にして青空保育をした実績は、今なお保育の原点になります。

話が前後しますが、トシさんが地域の方と作った園、当時武者小路実篤さんが父母会長をして下さったり、福音館書店の松居さんが『こどものとも』を読んで下さったり、（それ故、園には創刊号も！）食事作りを大事に配慮、羽仁協子さんがわらべうたを実践する等、児童（保育）文化発祥の園。

井の頭の湧水が神田川となり各地を潤したように、「子どもに一番よいこと」の保育は今、源流として輝いています。

今年に入り、トシさんの美しい文字で「新園舎建設…蒔かれた種子は年毎に根強く広がっております。どうか皆様のお力添えを（前後略）」の

呼びかけが届きました。

　子どもの仕事は一流でも資金集めは才たけてないのではとちょっと心配。

　その昔、組合の代表だった現園長が「わずかな氷代（賞与のこと。冬は餅代）では受け取れません」と言うや否や、トシさんは「そうですか。これ以上は出せませんので、いらないのなら…」ポイッと窓の外へ。

　こんなエピソードを聞いていたので案じていますが、トシさんと二代目園長両角則子さん、現斉藤桂子さん、二人寄れば文殊の知恵、凸凹コンビで地域の方々や職員の皆さんと21世紀の希望を担った「井の頭保育園」を創ることでしょう。その時はみんなで、おいしいお茶を！それでは今日もお元気で。

　その後「子どもの城」として保育園完成、人よんで南のジブリ北の井の保と。

　おめでとうございます。

がんこに平和憲法を願う土井たか子さん

その人の名は「犬も歩けば棒に当る」という、いろはかるたを地でいっている土井たか子さん。

今年の憲法記念日、ある集会で（この会はすべての党派を超え、憲法を護り育てることで一致。それゆえ、相手を誹謗し合わぬようにと司会者の一言。これっていいな、大事だな…）少し肩を落としたように見える土井たか子さんが登場すると、会場より「おたかさん！」の鶴の一声。いいえ、たかの一声。

「ありがとう」という、本人の変わらぬ凛とした声と姿に会場はほっと安堵し、声援を送り、送られたとのこと。

土井たか子さん、憲法学者。そして政治家。女性も、いいえ女性こそ政治の場でも活躍することの大切さを、路上で、講演会、マスコミ、本（土井たか子共著『私の少女時代』、岩波ジュニア新書）で子どもたちにも見せてくれ、小、中学生にもファン（！）を持つ人。

はなしが横道にそれますが、岩波ホールで、――元始、女性は太陽であった――「平塚らいてうの生涯」（演出・羽田澄子）を見て来ました。

画中こんなエピソードがありました。「新しい女、五色の酒を飲む」。らいちょうが見初めた有能な編集者が、、その若さの躍動、無防備な言動でジャーナリズム、ついには仲間からも非難され、らいちょうにも及んだと。

いつの時代も、たえず「新しい女」たちは生まれ、たたかれ、土井たか子さんと重なりました。

近頃出合う人たち、開口一番「ところで土井さんげんきかしら、土井さんのげんきは憲法の元気」と。

らいちょうがエレン・ケイ（『児童の世紀』『生命線』の著者）に影響を受けたように、土井さんもまたスウェーデンの空を飛びました。

「ニルスの不思議な旅」（ラーゲルレーヴ・偕成社文庫）のガンの女性リーダー、アッカのように。子どもたちへ、希望のメッセージが届きました。（左記）

そして南へも飛んだとのこと。その時の様子を、ちょっと人づてに聞きました。

南アフリカの方へ行った折、見つけたものは、松ぼっくり。それを拾う姿を見た現地の方たち、宝石を買い集める日本人の多い中、驚いたとのこと。がっしりとした健康な実《み》は、「がんこに平和憲法」を願う土井たかさんの宝ものにふさわしかったのでしょう。

そして、大事にかかえて持ちかえったもう一つ、赤ん坊を腰に、杵をつく親子の木製人形。今、子どもたちの喜びの声さざめく保育園で、働く親子、地域や外国人の親子等と、共に支え合いましょうと、励ましてくれています。

それでは今日もお元気で。

〃みずべのうた〃を親子でうたう新澤誠治さん

「ありのままのあなたでいい 困ったらいつでもどうぞ」と子育てひろば『みずべ』の新澤誠治さん。

実はこの方、いくつもの顔を持っています。しかもとびきり上等な笑顔で。

一つは本命、江東区子ども家庭支援センター所長。保育園経験者のすてきな職員や専門家・ボランティアのよきスタッフと活動開始。何と1、2年で今度は利用者のお母さんたちが自主的に、名刺代わりの豆カードを作り道ゆく人たちに、「親子で友だちになりましょう」と誘い合っているとのこと！

二つめの顔は保育弁士というか、語りべ、つまり講師。様々な保育関係や研修会で「知の遠山、情の新澤」と名コンビで、保育内容、制度、子育て論を説得力のある実践と理論で展開します。

親子の現在、将来にわたる応援者。

さて、三つめは、「情の新澤」さんが大学の先生に……。しかも女子大の先生になってしまってと、はずかしげに挨拶していましたが、大学教授に今年就任。（御年60歳を越えたかと思われます）

その相好をくずした笑顔と語り口調、女子大生にもてるのではの問いに「そうなの皆んな私の孫のようでね。かわいいの」と実に正直。まさに「人間関係学科」にふさわしい方なのでしょう。

あまりに優しく、人への配慮も出来る方なので、みんなが親友、恋人?!と思っている程。それ故、日本全国（オメップの活動で世界中にも）どこへ行っても新澤さんは私の友だちと！

その友人たちが企画運営、今年「藍綬褒章受賞を祝い、新しい門出を励ます会」が開かれました。

保育関係者はもちろん、研究者や行政の方、卒園児の親、街の方と多彩。その中に新澤ファミリーも。

一つの家があったら（本当にあるそうです）「おはよう」とどの窓をあけても「おかえり」とあかりが灯っても、そこに子どもの幸せにたずさわる家族がいる。というのが新澤さんのおうちでしょうか。四世代同居！（との事）

ふつう親の七光をよしとする中、おうた子に教えられて子の七光をあびている果報者のようにうつります。

こんなよき夫や子育てをした、おつれ合いはどんな方……いつもひそやかでと思いきや地域バレーボールの選手で料理じょうず。

昔、研究会で新澤保育研究所（図書館のような一部屋）を訪ね、意見をかわしながら遅い店屋物をとっていると、そっと差し出される、わかめとじゃがいもの味噌汁。そうか新澤さん、いつもおいしいものを食べ、ぼさつのような奥さまの手の平で大事にされ、おっと、新澤さんはクリスチャン。それ故いつも隣人に愛をなのでしょう。

それでは今日もお元気で

みずべのうた

詩・曲　新沢としひこ

みずべに鳥があつまって　つかれた羽根をやすめてる
みずべに犬がたちよって　乾いたのどをしめらせる
ひかり散らばる景色を　ずっと　ずっとみていたい

みずべに人があつまって　みずべのうたをくちずさむ
みずべに人があつまって　夢のかけらを語りだす

今日も新しい花が　いつのまにか咲いている
そんなみずべがここにある　そんなみずべがここにある

みんな気づき始めてる　ひとりきりじゃないんだと
そんなみずべがここにある　そんなみずべがここにある

〃今も人生の一日〃を生きる市村久子さん

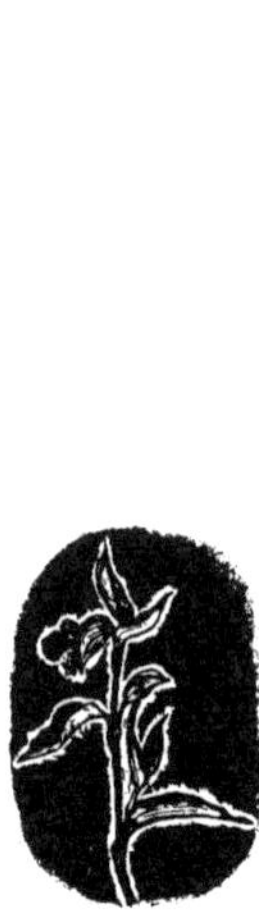

「おやすみ　ちいさな　ねこやなぎの赤ちゃん　いまは　まだ冬……」（略）

私の大好きなベスコフの「ねこやなぎ」の絵が、画家出版百年のポスターになってスウェーデンに飾られていたのですと、はずんだ声で報告してくれたのは市村久子さん。

この方、秋の収穫時、子どもの共感をよぶ「おおきなおおきなおいも」（赤羽末吉作・絵・福音館）の教育実践者。

その昔「こどものとも」（福音館）百号時代（現五六〇号）より、「よみきかせ」の大切さを保育現場より発信、その熱意にうたれた保育者も多いのです。

私もその一人、といっても同世代。このたび、しばらくぶりにある児童文学会で出会いました。

人は年と共にスリムに!?ばかりでなく輝くもの、いいなあと感心したのは、その研究心と行動力。

現代社会の様々な課題、政治経済、特に環境、福祉等で一歩も二歩も、世界を先んじるスウェーデンを訪問。

その国の礎になったであろう、三人の女性を訪ねた旅をスライドで解説してくれました。

今年、子どもも大人も心をよせ、出版ブームと言われたエルサ・ベスコフ。

鳥の羽根ペンを杖《つえ》にガチョウを連れた銅像の前では収入のない牧師の夫と子どもたちをこのペン一本で支えたと。そして出産ごとにその子に一冊の絵本も誕生させた、エピソードも。

『ニルスの不思議な旅』（偕成社）著者セルマ・ラーゲルレーヴは足が不自由で、そのため左右の高さの異なる靴をはき、その足でつぶさに国中を廻わり少年少女に、ほんとうの愛を伝えた話。

鳥の背にのって人生の旅に出た少年とはきつぶした革靴。市村さんの目は、あつく足もとにも注がれていました。

三人めはエレン・ケイ。実はこの事を語る時、もう一人の大事な作家、今年亡くなったリンドグレイがいます。

リンドグレイが少女時代、エレン・ケイに出会った話は有名ですが、市村さんは、この裏庭のこの柵を乗り越えケイに正面に廻りなさいと悟された柵も撮影！ピッピの息使いも聞こえそう。

　玄関には「今日も人生の中の一日」と、当時と同じく書かれていたとの事。

　雨や雪の中でも、しっかりと防寒服を着せ公園や森へ出かけるスウェーデンの子どもたちの笑顔の写真も加わって、スライドの旅は終りました。


「みどりになるのが　おひさまの願い　おひさまが　ねこやなぎの赤ちゃんにふりそそぐ……」

　新しい年「日本の子どもたちにも、ほんとうの体験と絵本のよみきかせをいっぱいしてね」と、市村さんより。

　それでは今日もお元気で。

日本のジェペットさんの前之園幸一郎さん

オリーブの鉢に子どもたちは拾ってきた松ぼっくりを輪にならべ春を待つ。

この「まつぼっくり」こそがイタリア語で「ピノッキオ」なんですって！　教えてくれたのは前之園幸一郎さん。

私の仕事をする保育園は、一階と二階をつなぐトンネルのスロープがあります。両側は子どもの目線に壁面と棚があり、ここを美術館と命名。子どもの季節・暮しや文化を紹介しています。

さて、とある日、このスロープをおりてきた、白いおひげのお客さま。

何やらドラマを感じさせる風貌《ふうぼう》。その人の目がはたっと止まったのは「世界のいたずらっこ絵本展」のピノッキオ人形の前。「これは？」（どうして君はここにいるのの意!?）

「こんにちは。実習生の先生、ようこそ。実習生が楽しみに待っています」と保育室に案内。緊張の中にあるだろう学生は先生に出合って安堵し喜びの様子。

どの学生にも先生に『ありがとうございます』とお礼を申し上げてねと一声かけて席をはずします。

さて、こうして出合った実習生の先生が前之園さん。やはり物語のある方でした。知る人ぞ知る、日本での「ピノッキオ」の研究者、教育学者（現青山学院女子短期大学学長）。

児童文学研究会や文庫の仲間でさっそく、その読みときを聞く機会が…。

初回にストーンと胸に落ちたのは、母親との葛藤が多い児童文学の中、このピノッキオは父親からの逃避と父への回帰であるとのこと（もちろん前之園さんは、キリスト教のA大学の先生なので父とはもっと奥深く神さまに辿り着くのでしょう）。

次から次へのいたずら。その試練をのり越える時、コオロギやカタツムリが、いつも寄りそう。実はこの小さきものこそ自分の「良心」の声だったと。

話が変わりますが、前号紹介の子育てセンター〝みずべ〟には大きなコオロギの乗り物があります。木馬ならぬ「なぜ」の意味が納得。木場組合のジェペットさん達が子ども達へ最高の贈物をしたのですね。

本場のイタリアのジェペットさんのはなしも感動的でした。

　戦争の時、オリーブの古木の根元に身をひそめた少年が、戦後空腹の中やっと求めた「ピノッキオの冒険」。

　失なった少年時代を取りもどすように読みふけり……時はすぎ、すべて遠い昔になったある日、その本に再会。

　あの安らいだ木でピノッキオを作ろう、そして親しい人に届けようと。

　今、「幼児期の記憶と未来のために」の「マラノーラ・ピノッキオ博物館」となり、「幼児期と高齢者をつなぐピノッキオ展」として国際的に活躍。平和と文化のシンボル、オリーブ物語を日本のジェペットさんより教えていただきました。

　それではみなさん今日もお元気で。

新天地に幸せな子どもの園を野口京子さん

新学期、ゆりのきの葉はちろちろと青空にこだまし、まるで小さい人たちの歓声のよう…。

「ユリノキ」花ことばはルーラル・ハピネス（田園の幸福）とのこと。

まさに、新しい地に幸せなこどもたちの田園を創った人がいます。

その人の名は、ゆりのき保育園（至愛協会）園長、野口京子さん。

今をさかのぼること戦後、厳寒の北海道さいはての地で、牧師夫人として牧師と共に、農林漁村の人たちと共にくらし、生活改善の援助をしながら、こどもたちを預かり、こどもたちに心のおはなしも豊かに与えた夫妻。

牧師が惜しまれつつ天に召された後その思いを継いで、故郷、多摩の新天地で実弟中嶋博氏と共に心血を注ぎました。

三十数年前、何ら銘うつことなく、産休明けの〇歳児を預かり、またどの年齢にも障害児の友がいて、教材の倉庫を工夫し、障害児の寄り合いも開かれていました。二百名の定員の中、故郷から遠くはなれた人々がこの園をどんなにか頼りにしたことでしょう。

その根幹をなすものは、こどもも障害をもった人たち（こそ）も、神と人に愛し、愛されて幸せにくらすという野口園長のキリスト教の信仰によるものと思われました。

その中で特に変わらぬ思いは「戦争のない世界」を常にこども達に語り祈っていること。地元多摩市民の戦争体験にも若き日、看護師として傷病兵の介護にあたり、その命の尊さを記録。

これらの経験から、どの国とも助け合いをと、留学生実習生として来園したスリランカ仏教徒僧を支え、中嶋氏の幼稚園や保母養成校づくりを応援しています。

最後に興味深い食事のはなしも。北海道の教会（保育園）の塔に住む、親ふくろうが子にサンマを運ぶ姿、白菜や鮭の漬物、石狩鍋等、当時ひ弱な団地のこども達にも用意され、パリパリと元気に食事。

現在も園庭のサンマ焼、魚屋さんに鮭を丸ごとおろしてもらう等、伝統は五臓六腑の中にも愉快に生きています。これらすべて、後誕生した、かしのき・りすのき保育園でも志をついでいます。

　多摩の地にあってグローバルな人間愛を保育を通し実践している姿は、その家族の形成にも重なって…。

　海外で活躍する方、海外から日本の教育の場で情熱を燃やす方等、ファミリーは地元や新幹線、飛行機で地球儀をぐるっとまわって集まるとのこと。

　その先々を訪問したエピソードも楽しく、やがて野口園長の人生の旅、紀行の旅集が出来上がるのではないかと期待しています。

　それでは今日もお元気で。

八ヶ岳農場に〃木を植えた夫妻〃奈良英子さん

荒野を耕やし牧場をつくり、牧舎やサイロまで家族と共に仕上げ、山梨一の牛を育てながら、その開拓の歴史、「清里昭和史散歩」を書かれた奈良靖夫さん。

その次は何をしたかったのでしょう。

「森を創りたかったのです」

白髪の凛《りん》とした面差しを見はるかす前方へ移しながら答えてくれたのは、牛飼いの妻でしたという奈良英子さん。

清里の初夏の朝は霧の中……老うぐいす、かっこう、ほととぎすがこだましあい牧舎が浮びあがります。

今もこの地に住みながら木々が育ちゆく姿を見守っている英子さん。

縁あって私が奈良さんの庭を訪れたのは水仙の光きらめく日でした。

まさにワーズワースの詩「水仙」の一編のように、とつぜん黄金の群れに出会ったのです。そしてこの清里の開拓が、ポール・ラッシュ博士をはじめ、ワーズワースの「プレリュード」訳者野坂譲さんの営農指導や援助にもよったことなど、はなしてくれました。

私は当時子育てをし、また保育園で仕事をしているので、子どもたちがどんなに動物好きか！　と。

日々のくらし、散歩や遠足で出会う身近な動物やポニー、そして『おかあさんだいすき』（岩波書店）など絵本やおはなしの中の動物。積木あそびや玩具の牧場セット、食卓の牛乳。

モーモー牛の鳴き声も、もうほんとうに好きなんですからと笑い合いました。

ところで……と通していただいたのは2階の書斎。

「木を植えた男」のデッサン画と窓からは四方の山々。富士山、南アルプス連峰、八ヶ岳。

そして、おびただしい本の中、今しがたまで読んでいたような一冊の本『ユリノキという木』（アボック社）

開いてみると、数多いエンピツの棒線。そこに読みとったものは酪農と伐採とその補いの志でした。

開拓、酪農、観光…その時代の挽歌の中、その終焉をひそかに萌芽に替え再び夢をみた奈良夫妻。

ユリノ木の苗木を数百本取り寄せていたという話に共感しました。

そして苗木を一本一本いと惜しんで植えた後、旅立ったパートナーに代わり今、英子さんは牧場の並木にユリノキを移植しているとの知らせ。

今年は花が数本咲きましたよとの話。その並木の側に、高原や森、動物の美しい絵本作家、黒井健さんの美術館も出来るよう応援したとのメッセージ。

「そうは思わないか、大きな木を次の世代に残そう―と」本に書かれた願いは奈良さんの願いでもありました。

それでは今日もお元気で。

来て 見て 演じて 絵本美術館の田中裕子さん

「そこに山があったので、ここに来たのです」

南アルプスを望みながら語ってくれたのは『絵本の樹美術館』（小海線大泉駅５分）館長の田中裕子さん。

というものの、この方の人生には本の山もあったにちがいありません。

館の蔵書、外国の絵本も含め二千冊、そして図書販売コーナーの新刊本。どの一冊にも確かな目が宿っています。

さて、この田中さん、かつて新宿発ＰＭ11：55発の夜行列車に乗った方。と言えば知る人ぞ知る世代。

新宿駅の地下はリュック姿の若者で溢れ、目的地は穂高・アルプス・槍ヶ岳「若者よ体をきたえておけ」とうたいながら青春を燃したのでしょう。

そして、この世代の人をさかのぼると、戦後、きらりと一瞬輝いた民主主義教育を受けた人たち。

生きる豊かさを文学や音楽、美術や生活文化へと教師はいざなってくれました。野を歩き草から花へ、花から樹木へ、樹木から地球へと子どもたちを縦横無尽に遊ばせてくれました。

あれ、こうして書くうちに我田引水になりました。私は疎開をし、野山も綴り方も熱心だった教師に出会ったので、つい自分に重ねてしまいました。

田中さん本人はいわないのですが、学習院で学んだとのこと、またちがった子ども時代だったかもしれません。

その学校に於ける民主主義教育というものも想像すると楽しいですね！

畦道、登山道より横道にそれてしまいました。

もとに戻って、この美術館は日本の画家の絵本原画展、何より嬉しいのは「来て（着て）、見て、演じて」という三拍子揃った絵本への参加型企画。ちなみに今年は「ガシャガシャドンドン・さるかに合戦」昔話の深層心理を分析する学問の多いなか、ここでは単純明快に悪者は退治され、誠実な者は他者により、守られるという正統派。

勇気や正義感を得、時には悪役

も演じ、子どもの自己実現の場となります。

この企画、野口光代さんの『おはり箱』から生まれた子ども等身大の作品。

二人の阿吽《アウン》の呼吸で数年来続いているとのこと。

美術館では親子に田中さんやスタッフが笑顔で送迎。絵本や子育て相談等、山を見上げたり道くさするよう勧めたりと祖母の役割を自らも演じています。

そして、文字通り、その名も「グランまま」の出版社も運営。「赤ちゃんに贈る絵本ガイドブック」「子どもに贈る読書ガイドブック」等を出版。

「命を育てる仕事を終えた時、また新な命の仕事が始まる。祖母」（When a woman thinks her work is done, She becomes a "Grandma"）。本の栞にうなずきながら館の野道、もろこし畑を後にしました。それでは今日もお元気で。

あすなろを今日実践した今キヨ子さん

「下ノ畑ニ居リマス」は、宮澤賢治さん。「子どもと一緒に上の畑に居ります」は電話先の今《こん》キヨ子さん。

そこを訪れたのは麦秋の季節。刈入れをすませた黄金の山は幾重にも輝き、脱穀された麦をいとおしそうに両手ですくいながら語ってくれました。

「幼児にはよく噛《か》んでガム作りをしたのですよ。昔と同じように、グルテンのしこしこのガム。現代っ子も真剣に咀嚼《そしゃく》して……。乳児には小麦粉粘土を手に握らせてあげるのが夢だったのです。麦藁はストローや篭づくりに」と幸せそうな、黄金色笑顔の今さん。

そう、この方はいつも畑を耕しながら、子どもの食を本物に、生活《くらし》を創造的に、地域の人々とよき交流をと願い、実践しながら保育に携わった保育園長。

その昔、十数年前に出会った頃にはまだ社会的に高齢者への対応が少ないなか、自宅をデイケアセンターに提供し運営していました。

自分たちの老後の住いにと新築した富士山の見える家。

その厨房の棚に並んだご飯茶碗。瀬戸や有田、益子と一人ひとり好みの器。

日本のくらしの美と確かな伝統食の美味も伝わってきました。

子どもたちが園の畑でとれた、かぼちゃやさつまいもを「よいしょ　よいしょ」と運び、祖父母のような方たちと喜び合う姿はイーハトーヴのよう！　園の職員の共感もうれしく……。

後に高齢者の問題が大きく浮上した時に、これらの地域の活動を国会でも話されたと聞きました。

つきることのないこの行動力、今度は第二園の誕生につながったというニュースに出合いました（本誌77号）

はじめの園は東京秋川の「あすなろ保育園」。地域の人と積極的に出会い、聴覚障害者等の職員と子ども達は手話で語り合った日々の実践なども。

「世界がぜんたい幸福にならないうちは個人の幸福はあり得ない」という賢治の思想をここにも見るようでした。

まさに「あすなろ」が今を作っ

たのでしょう。

第二園は「公設民営」の園。この方式の民間保育園と行政の信頼関係には目を見はる思いです。

行政には市民の立場や園への理解を最大限示してくれ感謝しているとのこと。

一つだけ残念だったのは公ゆえに名称が地域名のみで愛称も不可のよう。

「あきる野市立　西秋留保育園」今さん、第二園の誕生おめでとう。そのお祝いに、友人として秘密の呼び名を、そっとプレゼントします。

「にひきのあひるの保育園」

これなら行政の方も納得?!

二つの園にふさわしい田や畑と共に住み、「アンガス(犬)とあひる」(福音館書店)のように絵本にも登場。そう、園には犬もいたのです。いかがでしょう。

それでは今日もお元気で。

野尻湖のほとり2人のモモちゃん

ミヒャエル・エンデの『モモ』はローマのような円形劇場の廃墟に。日本の『モモ』は、信州ナウマンゾウ発掘、野尻湖のほとり黒姫に。

　信州信濃と言えば年を重ねた人は、「一茶のおじさんおじさん」とついと出て唄ってしまうでしょう。そうなのです。「我と来て遊べや親のない雀」とよんだ小林一茶の故郷でもありました。そこに二人の『モモ』がいたのです。もしかしたら、もっといたのかもしれません。

　一人のモモは鳥と話のできる小学生。「みなみは鳥に好かれてね。腕や足にも雀がチュン。あんまりなくので、もう少し静かにしてねと言ったらしゅん」

「時々カラスもやってきて丸く囲んでカアカアカア。山彦じゃないんだからたまには別の鳴き方ないのと言ったら目を見合わせて、アッアッアだって」

「この間はワシもやってきて、どうやらイヌワシのこどもらしい。羽根を広げると白かったからね。怪我をしていたので薬を塗ってはなしてやると、何日かして、親子でやってきてお母さんワシが『この間はありがとう』だって。

　家にはリスも赤ゲラもウサギもキツネもやってきて、みんなで『シーッ』」

　『モモ』のような、みなみちゃんにうなずきながら黒姫童話館に着きました。

　黒姫はエンデの生きた資料館でもあり、信州ゆかりの童話作家や、岩崎ちひろ、C・W・ニコルさん、松谷みよ子さんの故郷にも思える場所でした。

　そして、ここにも「ちいさいモモちゃん」が大きくなっていたのです。

　この年「モモちゃん」誕生より40年との事で、「松谷みよ子の世界展」がひらかれていました。民話、童話の原稿をはじめ写真や人形等も（常設有）。

　嬉しいことに会場は親子づれがいっぱい！思い出を語り合っていました。

　我田引水ですが、私も一読者として松谷さんの仕事の足跡にいくつか出会ったことがありました。子どもの文化の発信地、「本と

人形の家」に研修でお邪魔したり、岐阜の山奥で檜を割ってみる間に香ぐわしい割ばしを創るお年よりから、松谷さんもここにすわって湖の伝説にうなずいていったと（後には『龍の子太郎』になって誕生）聞いたことは思い出深い記憶です。

遠くはアウシュビッツの折にも、また近くは今度、黒姫の駅のベンチで出会いました。

あらためて松谷さんの仕事は手でというより、足で書かれたのではと思いながらサインをお願いしました。

それは苦手といいつつ、『いないいないばあ』（童心社）の笑顔でうなずいて。

森と動物、民話や絵本、二人のモモと一茶のおじさんより子どもたちへご挨拶。「雪とけて　村いっぱいの　子どもかな」それでは今日もお元気で。

ボンジュールBARCHANの勝山研子さん

「ボンジュール」の国より、シベリア鉄道経由、横浜に入港。そして東京羽村まで来たフランスの子どもたち?!を迎え入れた「かやの実保育園」理事長・勝山研子さんとみなさん。

ほんとうにそんな遠くから…?

真偽を確かめるべく訪問を約束。その際電話で、男、女どちらの先生をと聞かれた話を後、本人に伝えると「バアチャンの方」と呼んで下さいとのこと。

久しぶりに会ったBARCHANは目も白い髪も、何より好奇心がくるくるしたアンティークのフランス人形のようでした。

実は勝山さんとは以前オメップ東京大会の折、各国の子育て通過儀礼の精神と物品を展示した担当仲間。（当時、私保連の企画として）

文字通り、勝山さんは日本の伝統子育て文化を大切にしつつ、いつも前向きに親子を応援している方。

その勝山さんがフランスの保育園へ行ったり来たり、これいかに。

ある夏の物語。フランスで結婚し、子どもと一緒に里がえりした女性が、わが子に日本の生活、何より子どもたちを出会わせたいと、あちこち訪ねたとのこと。なかなか願い叶わず、かやの実保育園へ。

かやの実保育園は北原白秋の「かやの木山」のうたを冠した「子どもに一番よいことを」を実践している園。どのように受け入れるかは後で考え、今、受け入れよう。お互いの子どもたちのために。とすぐ受け入れを約束。

日仏の子どもたちは仲よしも仲たがいも身ぶり手ぶり、表情で交流。自分の意見を伝える時はジャンヌ・ダルクのようにりりしく、さすがに感心！したとのこと。

日本女性のパートナーがフランスの保育関係者で帰国後も交流が続き、南仏トゥルーズ、パット・ドア（あひるのあし）保育園へ。

交流の様子をアルバムで見せてもらうと、ウーンなるほど。仏の子どもたちが、大きな地球儀と北斎の富士山の版画の前で、まさに汽車に乗ったところ。

二列に並んだイスはゆるいカーブをつけながら、みんなで手をふり、船底では、ゆらゆらとくすくす笑声の様子。

という訳で、この年、多民族の仏保育園では在籍している友だちの国を、その国の食べ物を給食で食べたり、音楽を聞いたり、絵本を読んだりと訪ねあったとのこと（アラブ、アフリカも）。

勝山さんは飛んで行って、折り紙、紙風船、手品、わらべうたで保育。互いを知り尊び合うことを学んだとのことでした。仏保育園の先生より最近の手紙「仏では若者をイラクへ出さぬよう行動しています。日本ではいかが」

それでは今日もお元気で。

愛書と愛車が空を越えて　園田トキさん

「入口におばさんの自転車が出ていたら、文庫の開いている日ですよ」

「さあ、どうぞ　いらっしゃい！」と案内してくれるのは、子ども等身大のアトム坊や。

その名もアトム文庫。主宰園田トキ。園田さんは保育園を退職する際、長年園長としてかかわった、子どもたちへの絵本読み聞かせやみがたく、というより、一層地域に開いたものにしようと、ほりさげて熟考。

その結果、自宅を掘って、出来た出来た、地下のひと部屋。

自身の子育て時、親子で待ちどおしく、楽しく、ヒューマンな鉄腕アトム。子どもたちを自転車に乗せて「空を越えて」とうたいながら、いっぱい元気と勇気をもらったとの事。

そうだ、この部屋の名前を「アトム文庫」にしよう。こうして出来てから十数年、地域の親子、小学生、中学生、時には不登校になった子どもたちも、この部屋で安堵し、笑顔を見せ、育ち合ったとのこと。

――育児の情報交換も　母親たちの出あいの場――「読み聞かせ　語り聞かせ」「こんなとき　こんな絵本」（草土文化）等に実践もまとめられています。

音楽あり、玩具あり、まわりぐるっと絵本あり、子どもならずとも私たちもその文化に浸りたく、時折訪問。

その日は、映画「飛ぶ教室」（ドイツ　ユーリヒ・ケストナー）を観ての帰り、アトム文庫を重ねながら訪ねました。

文庫には先客があり、子どもと一緒にわらべうたを楽しむ「おてんとさん」の会、高橋京子（川合）さんとその仲間のみなさん（文庫は情報交流の場も）。

まさか「飛ぶ教室」等を訳された高橋健二さんのゆかりの方では…と問えば「父です」とのこと！

思わず「エミールと探偵たち」など、子育て時、各々が夢中になり、虜になった話をしあい、ところで、そのドイツ児童文学の貴重な資料は健在かなどとたずねました。理解のあるところに、いずれ託したいときいて安心。

アトム文庫の話から、ずいぶん飛んでしまいましたが、いずれも飛ぶ主人公故、おゆるしを。

　さて、今各地の蔵書を持つ文庫活動が、よい本を読み聞かせたり、貸出したりする活動から、新たに出前の読み聞かせや語りべなど模索しているとのこと。

「子ども文庫に転機」　少子化の影響がこんなところにも……という記事報道（日本経済新聞）。

　このような中、園田さんの次なる目標は「夢なのですが」と前置きし、絵本をいっぱい車に積んで、日本全国の保育園（幼稚園）等まわってみたい。愛書と愛車が空を越えてラララ……。

園田さん　いってらっしゃい！

　では　今日も　お元気で

〃言ってみようわらべうた〃をと羽仁協子さん

雷雨とどろく中、そこだけ池袋の別天地のような谷間、自由学園・明日館講堂で「わらべうたを踊る」(モダンダンス　森谷紀久子。コダーイ芸術研究所でわらべうたを学ぶ)の公演が行われた(04年7月23日、同場所再演)。

踊りは、時にはげしく動中静有、また、子どもと大人がゆきかうようでもあり、過去と未来が拮抗し、その輪舞の中に、現代という心棒が見え隠れし印象に残りました。

加えて興味深かったのは冒頭の羽仁協子さんの挨拶。

かつてこの同じ場所を、祖母　であるもと子さんが現代舞踊家を育てるために提供し、その練習の姿を母説子さんと子どもたちで見入ったとの事。

また現在の閉塞的な社会の中で、子育て、子育ちする時、心と身体を解放する「言葉」を発することや、「踊り」が、いかに重要な意味を持つか等、話された。

その事例として、アフリカ大地の、『キリク』(仏映、ジブリシネマ)と村人たちの土着のうた(ユッスー・ンドゥール)と踊りをあげ、今、人類を救うのはこれらの要素ではないかと(映画の解説の一部で河合隼雄さんも、同じように「身体を生きる」と)。

「うたと踊り」が人類を救う?!唐突にも思えるような言葉の意味を、保育者の私たちは、そう、その通りと頷く事が子どもの出会いの中にあります。

赤ちゃんをあやす「イナイ　イナイ　バァー」にこめられた、ほんのちょっとした言葉やしぐさにも、人生の行きて帰りし物語、「信頼」がこめられているからです。人も自分をも信頼し、対話し、生き生き成長する子どもたち。

このことを早くから洞察し「あんどの光り」を灯してくれたのが羽仁協子さん。

コダーイ・ゾルタンに学び、まず母語や自分の国の音楽「わらべうた」を子どもたちに返し、育てるために人生を、うたい歩んできた方!

その実践は保育発祥の一つといわれる井の頭保育園で30数年前より行なわれ、現在、松の実保育園に象徴される形で多くの園で実践されています。

この度子どもたちに、より「こと

ば」を楽しみ、関心をもち、喜びになるよう、すてきな小冊子が出来上がりました。「ぺろりんきゅう」「ししの子は」2冊。言ってみようわらべうた1・2で各々に、ことば遊びの詩がたっぷり。（問合先：コダーイ芸術研究所　：03—3805—2246）。

前後記に「からだの奥底から私たちをゆり動かすリズム」と松岡享子さん。「こころが笑う」と羽仁協子さん。二人のきょう子さんが両手で門をつくり、さあどうぞと。子どもたちの「ウフフ」が聞こえてきそう。あなたもどうぞ。

それでは　今日も　お元気で。

詩のシリーズ
「ミルクをのむとぼくになる」
「ちいさいはなびら」
「世界の子ども詩集」
も発行

〃秘密の花園〃から読み語りをしている 山花郁子さん

「いろとりどり　ひとさまざま」もとめた本にサインをしてくれたのは、著者の山花郁子さん。

その絵本「いちわのにわとり」（かど書房）は、にわのさんこうちょう、さんわのしじゅうからと順をおくり、言葉遊びが楽しく、さし絵の鳥の表情も子どもたちに共感をよぶもの。

著者の山花さんと時々、北欧の児童文学研究会で一緒になり、山花さんの仕事ぶりの多様さに興味を持ちました。

図書館の司書、児童文学者、人形作家、高齢者施設介護者等、想像していましたが、すべて大当り！山花さんの老人福祉施設での読み聞かせガイド『お年よりと絵本で　ちょっといい時間』（一声社）を読んで納得しました。

すでに十数年前より、少子高齢化をふまえ、現役中から、図書館、公民館、小中高の読書活動、そして児童館や地域の子育てひろば等でよみきかせを。

加えて、ご自身のお母さんが「介護老人福祉施設に入所したのをきっかけに、読み語りのボランティア活動もはじめました」とのこと。

その絵本など選択の目の確かさ、ヒューマンな行動の数々、ポリシーの源は……。万華鏡を静かに廻しながら、きらきら輝いているような秘密は……。

山花さんの自宅に文庫があると聞き「どうぞ」のひと声をうれしく一同で訪問しました。

近隣はまだ農家が残る京王田園地帯、大きな欅の下では大根やハーブの花束が新聞紙に包んで百円均一！

山花文庫は、その名を冠したように花いっぱい。駒鳥ならぬシジュウカラの巣の下をくぐり、「秘密の花園」の階段をおりると、何とそこは駐車場！

いい考えですね。一台分の駐車場を一台にして、半分を文庫スペースに。

扉を開けると私設ミニ図書館。絵本はもちろん、エルマーのぼうけんの人形や世界の民族人形、お孫さんの宝ものだったという山花さん手づくり、刺繍の絵本が、こんにちはと歓迎。

長いテーブルの上には、これまた花模様の各々異なるティーカップに香りたかいコーヒー。

先客の岡野薫子さん（児童文学者、森のネズミシリーズ・ポプラ社等）より自然はともだちのはなし。

そして最後に（いいえ最初に）目にとまったものは、大山郁夫、浅沼稲次郎さん、お父さんである山花秀雄さん（貞夫さんは弟さんとのこと）等、歴代、民衆の立場に立った方々の色紙で白黒の力強い毛筆、言葉でした。

あの困難な時代「花園」をめざした美しいパッチワークに見えました。その志が郁子さんの日々の活動に、引きつがれているのでしょう。

それでは今日もお元気で

〃こどもの農園〃を農援してくれる市川衛さん

収穫のこの季節、この時季、子どもたちは「稲かりの市川さん」にお世話になります。

春夏秋冬、山桜の市川さん・竹のこ・田植え・じゃがいも・みかんの市川さん、と、苗字の上に豊かな作物の名を冠した名前で慕われ、保育園や地域に安全な農作物を届けてくれるのは、市川農園の市川衛さん（川崎・黒川地区）。

八反前後の野菜・ぶどう畑の色彩や香りの中にいると、まるで果樹の谷のオーケストラを聞いているような感。

今から三十数年前、多摩ニュータウン開発時より心ある農家として、新しい住民より慕われた先代の精神を引き継ぎ、さらに改良を加えた若い農業者。

その思いは「わが農を子が継ぎくるる現実を思えば老いてゆくも安けし」（私歌本・市川祐）にうたわれ、私たちも作物をいただくことで支え合い、また新鮮な食材に支えられ、今に到っています。

市川さんのパートナーも保育園職員。その経験からのジャム製品も好評。親戚一同の協力でのすてきな農園。

何よりありがたいのは市川農園と子どもたちの出会い。

収穫カレンダーは、一冊の絵本のページをめくるような思いです。

春はたけのこ……。

竹林、地面にかがんで静かに見渡すとほっこり見つけた土の山。市川さんに手をそえ掘ってもらうと「やったー、たけのこだ！」

その場で皮をむき、竹のこのさしみ。料亭で味わうような、いいえ自然児の醍醐味、口なおしは、とりたてのキャベツ。「あまーい！」

担任撮影の一連の写真をみて、すばらしい、これぞ生きる力とうなずく人、O－157などの心配はと案ずる人!?

そして田植え、秋は稲かり……。かえるを追い、稲の束のトンボに歓声。ここではわらべうたが生きていて総ての小動物に出会いおもわずうたの声。

幸せなことには、後日この稲が脱穀され、一キロずつ袋に入って、保育園に届くのです。（夕やけ市オープン）

ブランド名はもちろん各々の園名や年長のクラス名などつけたも

の。ちなみに「こりす米」畦道の「すかんぽ米」

保育園や家庭での新米おにぎりの美味なこと「おかわり！」と相なります。

こうしたことを始めから終りまで、すべて応援（農援！）してくれるのは市川さん。有機肥料や土づくり、カラスやひよどりとの苦労や試みも（ベートーベンのＣＤで一時退治）聞きますが、丹精をこめた毎週届く野菜等給食にも家庭でも喜ばれています。

これからはみかんの山へ。子ども達は「せっせっせ　みかんの花が」を楽しみながら初秋を味わいます。

それでは　今日も　おげんきで。

ＮＰＯ保育園　仲間と共に種をまく川上順子さん

「保育園　種まく人」は一人ひとりを大切に、その子にあった育て方を、……（中略）あなたの囲りからうまれる、未来家族に出合い、ともに育ちあいましょう。

簡素な中にも心のこもった設立主旨。これらの呼びかけをしながら、今年、ＮＰＯ法人の保育園を立ち上げたのは、川上順子さんとその仲間たち！

住みよい街づくりの活動をしている友人を介し、園見学会に行って来ました。

地図を見ながら、まわり道、レンガ畳を下り、くもの巣ならぬ京王線のトンネルをくぐると、左に鎮守の森、そして右の入口、みつけた、みつけた！

あれ、ここはなんだか、前に来たような、そしてとうに出合っていたような、そうです、トトロの家のような、あたたかさに溢れたマンションの一角……。

そこから子どもたちのメッセージが聞こえてきたのです（パンフレットより）。

・一杯一杯抱っこして！
赤ちゃんのときは
　一杯一杯わらいかけて！
　一杯一杯ほほえんで
　一杯一杯あやして
一杯一杯手をかけて！
一杯一杯のんで食べて眠るの
・ちょっと大きくなったら、
　小さなおくつをはいて
あっちにこっちに行って見たいの！
　ちょうちょさんにもありさんにも
　ワンワンにもにゃーにゃにも
　ちゅんちゅんにも会いたいの
・もうちょっと大きくなったら
　バスにも電車にも乗ってみたいの
花をつんだり泥んこ遊びがやりたいの
沢山お人形ならべておんぶしたり抱っこしてママやパパになってみたいの
私を抱いて、私を下ろして、そして私を見守っていて！

川上さんは元・公立保育園保育者。より親子に寄りそった保育を模索し、乳児研修を深め、同時に子育ち子育てを通し、地域活動にもひそやかな情熱を傾けてきた方。

この度の保育園開設もハローワーク主催、福祉系ＮＰＯ起業講座受講仲間の皆さんと準備（子ども家庭リソースセンターの子育て支援講座も受講)。

各々キャリアや年齢も異なる老若男女、誰もが溌剌・エネルギッシュ!

今、保育界は少子化への対策や、財政減の不安の中で守り手になっています。

他方、「種まく人」のような園の萌芽。

嬉しかったのは、近くの認可園より、一時保育の希望者が多い時は車で連れて来てくれるとの事。そして、「種まく人」のような園にもぜひ予算をと。

会の有終の美はライヤーの音色。映画「卒業」のスカボロフェアが新たな「はじめの一歩」を奏でてくれた内村繁子さん。中根郁子さんたちと共に応援しています。

それでは　今日も　お元気で。

〃園と家庭を結ぶ〃『げ・ん・き』を新開英二さん

元気を出して、前職場をエイッと出て、出版関係の「エイデル研究所」を創った、編集長の新開英二さん。

今から20数年前、本人の自己紹介で聞いたのですが、このことは本当だったのでしょうか。

冗談か真か、文字通り新しい道を開き〃園と家庭をむすぶ〃『げ・ん・き』を出版し続けたのですから、これはもう真だったのでしょう。

その編集の特色は、東西南北、縦横無尽、右も左も?! 幅広い人材を登用しての保育課題へのメッセージ。

父親の子育て出番から始まり、絵本、食生活、地震子育て、自然と感性等。

それゆえ、内容はいつも直面している特集で新鮮。再度手にしたいため、本箱のコーナー確保が課題になるほどでした。

私もほんの一ページを受け持たせていただいたので、ちょっと身びいきになりましたが、子どもの「元気」に寄りそうもの。ずばり快食・快便・快眠。

この三要素あって、よく遊び、心身の発育を促すのでしょう。(保育指針でも、信頼する保育者が大事に行うよう担当制として認知)

『げ・ん・き』は、第1号より、たえず警鐘と提案。当時からマイナー、中味はメジャー！

その後、雑誌連載の各分野のメッセージは一冊の本として出版されました。

子どもの「元気」は「げん木」から、枝・葉・実もついて育ったのですね。

これらの本(故郷の図書館にも有！)や主催の講演会などが日本の保育界をよい方向へ変えていると信じています。

自由奔放で喧噪な保育が元気でよいとみなされた時より、能動的で一人ひとり、愛されて育てられた子ども(静かな時間も空間も保障された)の保育が見直されたのですから。

また親が子どもを産み、子育てに幸福感が感じられるようにとのメッセージも大事でした。

この意味で松居和さんは常にこのことを第一義的に大胆に言い(私は時として、ムムとしながらも共感し）新開さんとは両車輪だったのでしょう。

このコンビに加えたいのが、編集スタッフの皆さん。悩みつつ書いた原稿の到来を待って即座に葉書やFAXで数行の感想。どんなに励まされ元気をいただいたことでしょう。

最後により道、雑誌と親戚のような「元気」を読書。（五木寛之著・幻冬舎）元気とは万物創造の母、命の故郷海と。

編集のかたわら、畑を耕し土手カボチャを育て「編集長の料理教室」を書いている新開さんを思い出しました。

こちらは「母なる大地」でしょうか。自慢の料理は〝家族で美味を〟の中に、上戸用もみえかくれ、近頃はお孫さんの食欲も加わって！

新開さん、次なる仕事は。「百姓です」とのこと。贈「あした　てんきになあれ」

それでは　今日も　おげんきで。

発行に寄せて

初めてわが子を抱いたとき、誰しも同じだろうが、自分のからだを通して生まれてきたいのちの不思議さに、あきることなくその顔を見つめたものだ。だが、実際に育ててみれば小さな赤ん坊は「怪物」のようでもあり、悩ましい日々が始まった。

お乳を飲ませておしめを替えて眠らせての繰り返しの中、口からこぼれたのは「ねんねんよう」という歌というか、唱えことばのようなものだった。子どもに歌って聞かせたのか、自分のために歌ったのか、たぶん両方なのだろうが、幸福な気持ちで歌ったときもあったし、疲れ果てていたときもあった。人間は誰しもがこんな頼りない生きもので、誰かが手をかけなければ育たない。祖先は太古の昔から誰一人くじけることなくこうやって子どもを育ててきた。だから、私がこの世にいる。世界中どこにでもこうした営みがあるのだ。「ねんねんよう、ねんねんよう」と繰り返しながら人類の偉大さを思った。

「ねんねんよう」のような子守歌・わらべうたの価値や意味を考えるようになったのは、私が子どもの本や読書に関わる仕事をしていたこともあるのだが、やはり保育園との出会いがあったからである。二人の子どもが合わせて九年間お世話になった『かしのき保育園』では、ふだんの生活のなかでわらべうたが歌われていた。園を通して習い覚え、私も少しずつわらべうたを歌うようになったが、歌ってみれば決して未知のものではなく、どこかで知っていたような気がした。歌いながら、私は自分が育った地域の環境、時代、両親、祖父母、幼な友だちや身近にいた人々のことを思いだした。何気ないことが実は大切なことで、幼い自分が愛され大事にされていたことにあらためて気がついた。「ねんねんよう」と私が歌えたのは、たぶんそうした体験があったからだと思う。

子どもは大勢の人間に見守られ、一人ひとりが大切にされてこそ育つ。毎月の『かしのきだより』も楽しみだった。折にふれての話題、人との出会いの喜びや見たもの、読んだものの紹介もあった。子どもを育てながら未来をつくること、平和な世界を願う気持ち、心豊かなに過ごすことの大切さなど、メッセージは、むずかしいことばではなく素直な気持ちのまま伝えられていた。そうしたことばはここにまとめられた一冊の本に連なっている。

世界の子守歌と親子人形の紹介を読むと、親子のあり方は世界中どこも同じだということに気づかされる。それとは逆のようだが、歌はやはりその国の自然や風物、民族の感性に根づいていることにも気づく。共感すること、違いを楽しむこと、異なる文化を理解するためには欠かせない姿勢だと思う。保育園にはさまざまな国の方がおられたり訪れたりしていたけれど、園はいつもの自然体だったことを思い出す。子守歌とともに覚えのある人の顔を思い出している。

保育園では、子どもでも大人でも、その人のなかに何か良いものを見出してさりげなく光で照らしてくれる。私達はそんなふうに励まされて子どもを育ててきた。浅井さんにあっては、あらゆる人の営み、仕事が子どもたちの未来につながっているに違いないし、実際そうあらねばならないと思う。「子どもに〝げんき〟をわたすひと」が、子どもに関わる仕事をしている人に限らないのはそのためだ。そうだ、今度は私が返してあげよう！「子どもに〝げんき〟をわたすひと」は、「子どもに〝げんき〟をわたすひと」を見つけている、または、可能性を見出し励ましている、浅井さんご自身ですよと。

阿部明美（図書館司書）

おわりに

「さよなら　あんころもち　またきなこ」

あしたも行きたい保育園（幼稚園）、明日も生きたい子どもたち！

世界のこもりうたは国や歴史によっても様々。まして、ここに書かれたものは、その人の出合いの中、貴重なたった一つのうた。

優しさあふれるもの、きびしいと思われるものもありました。

しかしその背後には、お母さん（お父さん）が離れていても、あなたを大事に守っているし、大いなるもの（神さま）があなたを安らかにしてくれるので安心してねと言っているように思われます。

子どもには、この祈りのような「こもりうた」が赤ちゃんの時も人生においても生き方として必要なのでしょう。

そしてこの「こもりうた」を毎日でも時々にも繰りかえし営まれているのが子育て、子育ちの場、家庭や園の生活です。

世界の親子人形にもいとおしいしぐさが国をこえ表現されています。

後半の「子どもにげんきをわたすひと」は、各々の生き方を通して、まだまだいました。

遠くフィンランド　サンタクロースの村に日本の江戸独楽を用意する広井政昭さん。次は「風の又三郎」をと新風を描く田原田鶴子さん。日本の児童文化のすばらしさを教えてくれたアン・ヘリングさん。日本や世界の行事を祝い花のギャラリーを開いている立川光史・由美子さん。帽子やリュック、食材を再生する海藤香織さん、畠山公子さん、中須玉子さん。

沖縄の保育園多心ある園を手仕事で応援する「ゆいまーる工房」の渡辺幸子さん、浜谷敬子さん。

子どもたちに憲法9条、そしてわらべうた、むかしばなしを手渡したいと米上千恵、中村奉子、榎本英子さんとその仲間たち。まだまだ大勢いますが代表して、土こそ子どもたちにと心ある農業関係者とごみの堆肥化をすすめている浅井民雄さん。

みなさん　げんきという木を育て合っているのでしょう。

ところで、私もその一人にと子どもの文化資料室を作りたいと思います。

「おもちゃは　野にも　山にも」少し古風にも思われますが、これは島崎藤村のカルタ、「お」の札。

まさに、子どものお守りのお札のようですね。

どんなに都市化、機械化がすすんだ現代でも、乳幼児の好奇心・探究心は旺盛。

街、路地、室内様々な所で上を見ては指さし、下を見ては小枝を拾い、立ち止まったり、かけぬけたりと、いつも前に進んでいるのでしょう（この姿は天上天下唯我独尊といった、おしゃかさまと同じではありませんか）。

それゆえ、世の大人たち（まして保育者）は、散歩時に子どもが外壁さわりやタンポポの綿毛飛ばしをしても、止めることのないように共感しあいましょう。

さて、カルタのお札ですが山のおもちゃはと問えば、その象徴は〝どんぐり〟でしょうか。

子どもは自分の実りを確かめるように実を見つけては歓声をあげ、ポケットいっぱいにして「お母さんへおみやげ」と。翌朝、どんぐり虫がころんと出てお母さんの驚きの声も、ああゆかい！

私はこの子どもも小鳥も好きな、どんぐりのマザーツリー「かしのき保育園」（りすのき、ゆりのき保育園）で働いていました。

そして、いずれの日、自然の恩物や玩具、道具を絵本等を結びつけ、「子どもの文化資料」として編みこんでみたいと考えていました。

子どもたちが悲喜こもごもの中で遊んだものはいとおしく、有形無形の子どもの文化用品は、時代と共に、あるいは時代を越えて、子どもといつも一緒に、そここにちらばっています。

人形、ままごと、ドールハウス。絵本に積木、折紙（千代紙）、縄飛び、カルタ、わらべうた、ナーサリーライム（マザーグース）。

クリスマスやお正月、ひなまつり等行事のもの、また日常の子どもも食器やおべんとう箱、バッグや帽子、お針箱どれも子どもの宝もの。

これらの品々に子どもたちはどんなにか、成長を促され励まされ慰められ喜びの中、大きくなった事でしょう。

これらをあらためて見つめ、手にとり合って、子育て子育ちの親子や、若者、高齢者、みんなであの幸せな「遊び」のひとときを共有してみませんか。

さて、その場所と名前は、どの園や住まいの一角、ひと部屋でもコーナーでも本箱の一段でも出来ます。

命名は「おもちゃ美術館」「絵本館」「おもちゃ箱」何でも。お互い

ドールハウスと親子人形コーナー

くらしの中の児童文学

に見せあって、子育てを豊かに楽しくしましょう。最後に私は、最初のアルタに戻り、野原で遊んだ白つめ草と「ポランの広場」（賢治）を重ね「ポラン」と命名。街にも高原にも皆さんをお招きします。

（『げ・ん・き』88号より）

最後に自分の一生とも思える日々を幸せな保育園で仕事をさせて下さった社会福祉法人至愛協会・中島博理事長、石川和夫牧師、ゆりのき・かしのき・りすのき保育園の子ども、保護者、職員、多摩市行政の方々や園長会の皆様（家族にも！）ありがとうございました。

そして、文字通りの『げ・ん・き』を生み出して下さったエイデル研究所、新開英二編集長とスタッフの皆様に感謝申し上げます。

お父さん、お母さんのふるさと郷土びなかざり

ムーミンなど　北欧コーナー

牧場玩具コーナー

【筆者紹介】

浅井　典子（あさい　のりこ）

1939年東京に生まれる。

戦後、福島県安達太良山の麓、城下町に疎開する。

“はらぺこあおむし”の子ども時代、野山をかけめぐり、草花遊びの楽しさ、おいしさを体感する。おかげでイチョウの丈夫な学生となり、中学時代、当時の民主主義教育の実践者、遠藤豊吉・斉藤時雄先生に学び作文教育を受ける。

児童文学を志し白梅学園保育科に学ぶ中、子どもの幸せと働く女性の生き方に共感し、以後40年、保育師、保育園園長として勤務。

その間デザイナーの夫と共に『多摩の草花』『わらべうたかるた』を出版。また『おやこであそぼ！はじめましてあかちゃん』（音楽之友社）『保育環境プランニングブック』（チャイルド本社）の編集にたずさわる。現在、玩具や絵本、自身の世代の文化用品など、資料室として準備中。またもう一つの保育学校を計画中。趣味は読書、琴、ライヤー。

琴線にふれ合う親子関係を応援していきたい。

世界のこもりうたと親子の人形
—子どもにげんきをわたすひと—
2005年3月31日　初刷発行

著　　者　浅井　典子
発 行 者　大塚　智孝
印刷・製本　中央精版印刷(株)

発 行 所　エイデル研究所　〒102-0073 千代田区九段北4-1-9
TEL 03（3234）4641　FAX 03（3234）4644

ISBN 4-87168-390-7　C3037
JASRAC　出0502936—501